STEIGERN SIE IHREN EINFLUSS IN DEN SOZIALEN MEDIEN AUF YOUTUBE.

Steigern Sie Ihren Einfluss in den sozialen Medien auf YouTube.

Serie "Einfluss der sozialen Medien"
von: Aaron Cockman
Version 1.1 ~November 2021
Veröffentlicht von Sherry Lee bei KDP
Urheberrecht ©2021 von Sherry Lee. Alle Rechte vorbehalten.

Kein Teil dieser Publikation darf ohne vorherige schriftliche Genehmigung der Herausgeber in irgendeiner Form oder mit irgendwelchen Mitteln, einschließlich Fotokopien, Aufzeichnungen oder anderer elektronischer oder mechanischer Methoden oder durch ein Informationsspeicher- oder -abrufsystem, vervielfältigt, verbreitet oder übertragen werden, mit Ausnahme sehr kurzer Zitate in kritischen Rezensionen und bestimmter anderer nichtkommerzieller Verwendungen, die nach dem Urheberrecht zulässig sind.

Alle Rechte vorbehalten, einschließlich des Rechts auf vollständige oder teilweise Vervielfältigung in jeder Form.

Alle Angaben in diesem Buch wurden sorgfältig recherchiert und auf ihre sachliche Richtigkeit überprüft. Der Autor und der Herausgeber übernehmen jedoch keine Garantie, weder ausdrücklich noch stillschweigend, dass die hierin enthaltenen Informationen für jede Person, jede Situation oder jeden Zweck geeignet sind, und übernehmen keine Verantwortung für Fehler oder Auslassungen.

Der Leser übernimmt das Risiko und die volle Verantwortung für alle Handlungen. Der Autor kann nicht für Verluste oder Schäden verantwortlich gemacht werden, die sich aus den in diesem Buch enthaltenen Informationen ergeben könnten.

Alle Bilder sind frei verwendbar oder von Stockfoto-Websites erworben oder lizenzfrei für die kommerzielle Nutzung. Ich habe mich bei der Erstellung dieses Buches auf meine eigenen Beobachtungen sowie auf viele verschiedene Quellen gestützt, und ich habe mein Bestes getan, um die Fakten zu überprüfen und die Quellen zu nennen, wo es angebracht ist. Sollte Material ohne entsprechende Erlaubnis verwendet worden sein, kontaktieren Sie mich bitte, damit das Versehen korrigiert werden kann.

Obwohl der Herausgeber und der Autor alle Anstrengungen unternommen haben, um sicherzustellen, dass die Informationen in diesem Buch zum Zeitpunkt der Drucklegung korrekt waren, und obwohl diese Publikation darauf abzielt, genaue Informationen zu den behandelten Themen zu liefern, übernehmen der Herausgeber und der Autor keine Verantwortung für Fehler, Ungenauigkeiten, Auslassungen oder sonstige Unstimmigkeiten in diesem Buch und lehnen hiermit jegliche Haftung gegenüber Dritten für Verluste, Schäden oder Störungen ab, die durch Fehler oder Auslassungen verursacht wurden, unabhängig davon, ob diese Fehler oder Auslassungen auf Fahrlässigkeit, Unfälle oder andere Ursachen zurückzuführen sind.

Diese Publikation ist als Quelle wertvoller Informationen für den Leser gedacht, sie ersetzt jedoch nicht die direkte Unterstützung durch einen Experten. Wenn eine solche Unterstützung erforderlich ist, sollten die Dienste eines kompetenten Fachmanns in Anspruch genommen werden.

Inhalt

Einführung. ...8

Kapitel no.1 ...10

Wachsen Sie Ihren YouTube-Kanal. ...10

Kapitel no2. ...20

Erfolgreiche Inhalte für das Wachstum eines YouTube-Kanals. 20

- Lustige Tiere. ...22
- Videospiel-Walkthroughs. ...22
- Anleitungen und Tutorials. ...23
- Produktbewertungen. ...23
- Berühmtheiten-Klatsch-Videos. ...24
- Komödie/Sketch Videos. ...25
- Einkaufsbummel/Hauls. ...26
- Unboxing-Videos. ...27
- Lehrreiche Videos. ...27
- Streiche. ...28

Kapitel no.3 ...30

Wie man YouTube-Abonnenten bekommt. ...30

1. Konsistente Inhalte erstellen. ...32

2. Nutzen Sie Ihren Channel-Trailer. ...33

3. Bitten Sie Ihre Zuschauer direkt um ein Abonnement. ...34

4. Die Anmeldung sollte so einfach wie möglich gestaltet werden. ...35

5. Erstellen Sie ansprechende Miniaturansichten. ...36

6. Zusammenarbeit mit anderen Kreativen. 36

7. Durchsuchbare Titel erstellen. 37

8. Erstellen Sie Wiedergabelisten zum Anschauen. 38

9. Engagieren Sie sich bei Ihrem Publikum. 39

10. Nutzen Sie zusätzliche Konten in sozialen Medien, um Ihren Kanal bekannt zu machen. 40

11. Teilen Sie mit, woran Sie als nächstes arbeiten. 40

12. Eine Geschichte erzählen. 41

Abonnenten schaffen Mehrwert für Ihren Kanal. 42

Kapitel no. 4 44

YouTube-Stars sind einflussreicher 44

als andere traditionelle Berühmtheiten. 44

1. YouTube-Stars sind besser im Aufbau von Beziehungen...46

2. YouTube-Stars sorgen für mehr Engagement. 47

3. YouTube-Persönlichkeiten setzen Trends und prägen die Popkultur. 47

4. YouTube-Stars sind Meister im Aufbau von Marken. 48

5. YouTube-Stars sind Schrittmacher. 49

Warum YouTube-Stars einflussreicher sind als traditionelle Berühmtheiten. 49

Kapitel no.5 53

Mehr Ansichten auf YouTube kostenlos. 53

Erhalten Sie Ansichten aus den organischen Suchergebnissen von YouTube. 54

Steigern Sie die Anzahl der Aufrufe mit Ihren Videoinhalten. ...57

- Inhalte, die lehrreich oder unterhaltsam oder beides sind. 58

Generierung von Ansichten auf der YouTube-Plattform. 60

Denken Sie daran, geduldig zu sein. 68

Kapitel no. 6 69

Der Einfluss von YouTube auf unsere Gesellschaft. 69

Die hervorragende oder schädliche Wirkung von YouTube: 72

Kapitel no.7 74

Bewerben Sie Ihren YouTube-Kanal für mehr Aufrufe. 74

Erhöhen Sie die Effektivität Ihrer YouTube-Strategie. 74

Tipps zur Förderung Ihres YouTube-Kanals. 75

Erstellen Sie fesselnde Titel, die man gesehen haben muss. 75

Machen Sie Ihre Filme besser sichtbar, indem Sie sie optimieren.
.... 76

Bestimmen Sie, was Ihre Zielgruppe wünscht. 77

Werden Sie Mitglied der Community auf YouTube. 79

Machen Sie Ihre Miniaturansichten einzigartig. 79

Cross-Promotion für Ihre eigenen YouTube-Videos. 80

Google-Suchergebnisse, auf die Sie abzielen möchten. 81

Organisieren Sie einen Wettbewerb oder ein Werbegeschenk. 81

- Ermutigen Sie andere, Ihre Sendung zu sehen. 82

- Um Ihre YouTube-Videos zu ordnen, erstellen Sie Wiedergabelisten.. 83

Zusammenarbeit mit anderen Künstlern und Unternehmen. 86

Führen Sie eine kostenpflichtige YouTube-Marketingkampagne durch. 86

Teilen Sie Ihre YouTube-Videos regelmäßig in den sozialen Medien. 88

Warum YouTube verwenden? 89

Schlussfolgerung: 93

Einführung.

YouTube ist eine wenig genutzte, aber attraktive Social-Media-Plattform, von der Sie sicher schon gehört haben. Als eine der bekanntesten Social-Media-Plattformen der Welt verfügt YouTube über eine riesige Menge an Online-Inhalten zu einer Vielzahl von Themen. Im Jahr 2012 wurde die Marke von 4 Milliarden täglichen Aufrufen überschritten. (wobei 30 Sekunden für eine Ansicht gezählt werden, im Vergleich zu 3 Sekunden bei Facebook). Bei bestimmten Suchanfragen zeigt Google YouTube-Ergebnisse in den Suchergebnissen an. Wussten Sie schon, dass YouTube bei der Online-Suche inzwischen an zweiter Stelle steht? Angesichts der höheren Einstiegshürde, die für Unternehmen erforderlich ist, um hochwertige Videoinhalte zu erstellen, kann die robuste Plattform mit einer Milliarde Nutzern eine Quelle für eine beträchtliche Unternehmenspräsenz sein. YouTube-Videoclips haben in den sozialen Medien eine hohe Schlagkraft und sind eine hervorragende Ergänzung für Ihre gesamte Marketingkampagne. Laut der Analyse von Mark Fidelman ist YouTube das kosteneffizienteste Social-Media-Medium für die Durchführung regelmäßiger Influencer-Marketingkampagnen. Einige der Influencer-Initiativen seines Unternehmens, die vor drei Jahren begannen, zahlen sich immer noch aus. Als YouTuber haben Sie vielleicht gelernt, dass der Weg zur Steigerung der Interaktion mit dem Publikum nicht immer geradlinig ist. Aufrufe sind nichts weiter als ein Gimmick, das eine schnelle Lösung bietet.

Darüber hinaus scheint der YouTube-Algorithmus Online-Videos mit einer großen Anzahl von Aufrufen nicht besonders zu berücksichtigen, was der üblichen

Medienstrategie zuwiderläuft. Stattdessen berücksichtigt er die "Sitzungszeit" eines Nutzers (die den Nutzern nicht zur Verfügung steht). Folglich müssen Sie den Besucher dazu verleiten, länger auf Ihrem Online-Video zu verweilen und sich mit Ihnen in den Kommentaren auszutauschen. Ist das nicht zu viel verlangt von Ihrem Zielpublikum? Erlauben Sie mir, Ihnen in diesem Buch zu helfen, die Plattform der Medienseiten besser zu nutzen. Es wird Ihnen auch dabei helfen, Ihren Social-Media-Marketingplan zu stärken und Ihre YouTube-Beteiligungsraten zu erhöhen.

Kapitel no.1

Wachsen Sie Ihren YouTube-Kanal.

Niemand kann den Aufstieg des Videomarketings als Unternehmensstrategie in den letzten Jahren leugnen. Auch wenn bekannte Websites wie Tik-Tok, Facebook und Instagram sowie Ihre Website hervorragende Investitionsmöglichkeiten darstellen, ist ein YouTube-Kanal möglicherweise die beste Möglichkeit, Ihr Unternehmen zu vermarkten, da eine Milliarde Menschen täglich Videos in diesem Netzwerk ansehen. YouTube, die "zweitgrößte Suchmaschine der Welt", kann Menschen helfen, Ihr Material schnell zu finden und sich damit zu beschäftigen, vorausgesetzt, Sie kennen ein paar Strategien und verstehen die Grundlagen der Erstellung kreativer Videos. Mit diesen zehn Tipps können Sie die Zahl Ihrer YouTube-Zuschauer erhöhen.

1. Erstellen Sie Videos zu einem einzigen Stichwort oder Thema.

Die einfachste Strategie, um Besucher anzuziehen und Ihre YouTube-Fangemeinde zu vergrößern, besteht darin, Ihr Video auf ein bestimmtes Thema oder Stichwort zu konzentrieren. Vermarkter, die mit SEO nicht vertraut sind, können diese Phase des Video-Ranking-Prozesses übersehen. Dennoch ist es wichtig, dass Sie Ihre Videos so einbinden, dass sie so viele Menschen wie möglich erreichen. Um die beliebtesten Keywords in Ihrem Bereich zu finden, verwenden Sie ein Keyword-Tool wie KeywordTool.io, das speziell für YouTube entwickelt wurde. Die Wahl des Schlüsselworts vor der Erstellung von Videoinhalten ist entscheidend, denn so können Sie das bestmögliche Material zu diesem Thema erstellen. Die Funktion für geschlossene Untertitel von YouTube kann verbessert werden, wenn Sie daran denken, Ihr Schlüsselwort organisch in Ihr Videomaterial einzubauen. Sobald Sie ein Schlüsselwort ausgewählt haben, stellen Sie sicher, dass Ihr Titel und Ihre Beschreibung optimiert sind, indem Sie sich die beliebtesten Videos zu diesem Thema ansehen. Wenn Sie dies tun, werden Sie viel mehr Traffic von YouTube SEO erhalten.

2. Wiederverwendung bereits vorhandener, leistungsfähiger Inhalte.

Natürlich ist das Erstellen und Verbreiten von exzellentem Material eine hervorragende Methode, um Ihren YouTube-Kanal zu erweitern. Es ist nicht immer notwendig, bei der Erstellung solcher Dinge bei Null anzufangen. Um großartige Filme zu machen, müssen Sie eine Fülle von Informationen haben, die interessant, nützlich für Ihr Publikum und umsetzbar sind. Während der COVID-19-Epidemie sahen sich die Nutzer in einem einzigen Jahr 4 Milliarden Stunden lang "How-to"-Videos an, also eine Menge Zeit, die auf YouTube verbracht wurde. Folglich ist die Erstellung von Inhalten, die Probleme für Ihr Publikum lösen, eine hervorragende Methode, um den Traffic zu erhöhen. Führen Sie eine Inhaltsanalyse durch, um die Blogs, Leitfäden und andere leistungsstarke Beiträge zu ermitteln, die Sie bereits haben, und überlegen Sie, wie Sie diese in relevante und ansprechende Videos umwandeln können. Denken Sie daran, dass die beliebtesten YouTube-Videos in der Regel zwischen einer und fünf Minuten lang sind, also fühlen Sie sich nicht gezwungen, einen Film zu drehen oder einen Roman zu schreiben. Fassen Sie sich kurz und bringen Sie es auf den Punkt.

3. Engagieren Sie sich bei Ihrem Publikum.

Eine Plattform, die die Interaktion mit anderen Mitgliedern voraussetzt. Wenn Sie nur Videos veröffentlichen und keine Diskussionen anregen, verpassen Sie eine große Chance.

Sie enthält die Zeit, die auf dem Kanal verbracht wurde, die Anzahl der Aufrufe, die Anzahl der Kommentare und die Zeit, die mit dem Betrachten des Kanals verbracht wurde. Reagieren Sie also nach Möglichkeit auf jeden Kommentar, den Sie erhalten, und fordern Sie die Nutzer durch audiovisuelle Vorschläge zur Interaktion auf. Sie können auch mit anderen Kanälen interagieren, z. B. mit einem Unternehmen, das mit Ihrem vergleichbar ist, oder einfach mit einem, das Sie bewundern. Verlassen Sie sich nicht immer darauf, dass das Publikum die Konversation in Gang setzt. Die Einbindung Ihres Publikums kann so einfach sein wie Fragen zum Material oder so komplex wie die Frage, welche Art von Inhalten sie gerne auf Ihrem Kanal sehen oder wovon sie gerne mehr sehen würden. Denken Sie auch daran, sich bei allen zu bedanken, die Ihre Inhalte auf YouTube und anderen Plattformen geteilt haben. Um die entscheidenden Engagement-Metriken auf YouTube im Auge zu behalten, sollten Sie ein Dashboard für die Verbreitung und das Engagement von sozialen Inhalten einsetzen.

4. Branding erhalten.

Selbst wenn Ihre Inhalte erstklassig sind, spricht die Ästhetik Ihres Kanals die Zuschauer an? Wenn Sie möchten, dass die Nutzer Ihren YouTube-Kanal abonnieren, müssen Sie professionell wirken. Wenn Sie das Social Branding Ihres Unternehmens verbessern, können die Nutzer Ihre Inhalte schneller erkennen. Wenn Sie einen Blog oder eine Website haben, verfügen Sie vermutlich bereits über ein Erscheinungsbild, das Sie von anderen Personen und Unternehmen abhebt. Es ist also nur natürlich, diese Identität auf Ihren YouTube-Kanal zu übertragen. Hier ein Beispiel von Nintendo, das 8,12 Millionen Abonnenten hat und hervorragende Inhalte über Spiele und Konsolen bietet, darunter kurze Gameplay-Videos und Clips hinter den Kulissen. Neben dem visuellen Branding sollten Sie auch personalisierte URLs in den Header Ihres Kanals einfügen und eine ansprechende Biografie über sich und Ihre Videos erstellen.

5. Andere Kanäle können Ihnen helfen, Ihr YouTube-Video zu promoten.

Die Möglichkeit, Informationen über mehrere Social-Media-Plattformen zu verbreiten, ist eine der heikelsten Funktionen der sozialen Medien. Bewerben Sie Ihre YouTube-Videos auf allen Ihren Konten in den sozialen Medien, um mehr Anhänger zu gewinnen. Laut dem Digital 2021: Global Overview Report gibt es eine erhebliche Überschneidung bei den Nutzern der verschiedenen Social-Media-Plattformen. YouTube hat mit über 90 % die höchste Beteiligung von allen großen Kanälen. Es ist eine starke Kraft in Bezug auf Marketing und Engagement.

6. Überschneidungen bei den Nutzern sozialer Medien.

Welche Kanäle beobachten Sie also? Facebook, LinkedIn, Instagram und TikTok, um nur einige zu nennen? Die Auswahl ist groß, und es gibt viele einzigartige Ideen für Social-Media-Videos. Wenn Sie Videos direkt an einen Kanal senden möchten, kann eine Vorschau des Videos in voller Länge auf YouTube eine gute Lösung sein (z. B. auf Facebook). Vergessen Sie nicht, Ihre Videos in Ihrem Blog zu veröffentlichen! Es ist auch möglich, Ihren YouTube-Kanal in Verbindung mit Ihrem Podcast zu nutzen.

7. Auftauchen und hervorstechen.

Es kann unglaublich vorteilhaft sein, Ihren YouTube-Kanal durch die Teilnahme an Videos zu personalisieren, wenn Sie ihn allein oder als Teil eines kleinen Unternehmens betreiben. Wenn Sie einer Marke ein Gesicht geben, fällt es den Verbrauchern leichter, sich mit Ihnen als Person zu identifizieren. Das ist eine gute Nachricht für Vlogger, Fitness-, Lebens- und Business-Coaches und Solopreneure. Ihr Gesicht muss nicht in jedem Ihrer Videos erscheinen, aber es sollte häufig genug auftauchen, um Ihr Publikum anzusprechen. Wenn Sie diese Art von YouTuber sind, sollten Sie auch ein Foto von sich selbst auf Ihrem Kanal verwenden (nicht Ihr Logo).

8. Tolle Thumbnails posten & YouTube-Karten nutzen.

Trotz ihrer geringen Größe können Thumbnails eine erhebliche Wirkung haben. YouTube verwendet Miniaturansichten in der Seitenleiste, um andere Videos zu bewerben; Sie möchten also, dass Ihr Video unverwechselbar ist. Bei YouTube-Suchen ist das nicht anders. Videos mit einem fesselnden Titel und einem ansprechenden Thumbnail werden in der Regel höher eingestuft, auch wenn das Material nicht so wichtig ist, da sie mehr Klicks erhalten (CTR).

Verwenden Sie Methoden wie hervorgehobene Stellen, Pfeile, überdimensionalen Text und atemberaubende oder auffällige Bilder, um Ihre CTR dorthin zu bringen, wo sie sein muss. Wir alle wissen, dass YouTube Kanäle belohnt, die ihre Besucher länger auf ihren Seiten halten. Die Leute beschäftigen sich mehr mit Ihrem Material, wenn sie länger zuschauen. (Sie können YouTube-Statistiken verwenden, um zu überwachen, wie lange sich die Leute Ihre Videos ansehen). Mit YouTube-Karten können Sie Links zu anderen Videos oder ähnlichem Material genau an dem Punkt einbauen, an dem die Besucher abspringen. Sie können verschiedene Arten von Karten verwenden, z. B.

eine Wiedergabeliste, eine Umfrage oder einen Beitrag, und Sie können bis zu fünf Karten für jedes Video verwenden, die als rechteckiger Kasten oder Teaser in der rechten Ecke des Videos erscheinen. Die Nutzer können das Video, das sie gerade ansehen, abbrechen, werden aber zu Ihren anderen Inhalten weitergeleitet, was sie auf Ihrem Kanal hält und Ihnen zu einem höheren Ranking verhilft.

9. Push für Abonnements.

Sobald jemand Ihren Kanal abonniert hat, wissen Sie, dass er sich für das interessiert, was Sie zu sagen haben. Bleiben Sie mit jedem Video, das Sie auf Ihrem Kanal veröffentlichen, in Kontakt mit Ihren Abonnenten und denen, die dies bereits getan haben. Über diesen Link können Sie eine Liste Ihrer Abonnenten einsehen. Abonnenten sollten nicht gekauft werden. Langfristig gesehen, wird dies Ihr Engagement und die Vertrauenswürdigkeit Ihres Profils beeinträchtigen. Denken Sie daran, dass Sie eine Menge potenzieller Anhänger verlieren können, wenn Sie Ihre Besucher nicht zum Abonnieren auffordern. Die Verweildauer auf YouTube wird wahrscheinlich steigen, wenn Sie eine größere Anzahl von Abonnenten haben.

10. Erhöhen Sie die Häufigkeit Ihrer Uploads.

Es mag zunächst entmutigend erscheinen, aber eine Erhöhung der Veröffentlichungsfrequenz auf mindestens ein Video pro Woche kann Ihnen dabei helfen, Ihr Publikum zu vergrößern. Keine Sorge, Sie brauchen dafür nicht die Dienste einer Designfirma oder einer großen Werbeagentur. Smartphones verfügen heute über fantastische Videoaufzeichnungsfunktionen, und

Anwendungen wie Animoto machen die Videobearbeitung einfach, so dass Sie auch mit einem geringen Budget Videoinhalte erstellen können. Die Bedeutung von Konsistenz kann nicht hoch genug eingeschätzt werden. Halten Sie Ihre Follower auf dem Laufenden, wann neue Videos veröffentlicht werden, indem Sie jeden Tag oder jede Woche zur gleichen Zeit posten. Halten Sie sich dann an Ihren Plan.

11. Werden Sie ein Experte für soziale Videos (und YouTube).

Video als Inhaltsformat erfreut sich immer größerer Beliebtheit. Laut dem Bericht "The State of Video Marketing" setzen 86 Prozent der Unternehmen Videos als Marketingstrategie ein, wobei 87 Prozent der Vermarkter von einer positiven Kapitalrendite berichten. Vermarkter sollten die Funktion von Videos verstehen und wissen, wie sie diese erfolgreich über alle Social-Media-Kanäle einsetzen können, da die Verbraucher immer visueller werden und Plattformen wie Tok-to immer beliebter werden. Mit dem akkreditierten Social-Media- und Marketing-Kurs des DMI lernen Sie, wie Sie einen YouTube-Kanal erfolgreich einrichten und verwalten sowie Taktiken entwickeln, die Ihren Kanal von der Masse abheben. Sie werden auch lernen, wie Sie Videos in Ihren Content-Mix auf verschiedenen Plattformen integrieren, wie Sie Ihre Online-Fangemeinde vergrößern und wie Sie Werbung und Analysen nutzen können, um überzeugende visuelle Kampagnen zu erstellen.

Kapitel no2.

Erfolgreiche Inhalte für das Wachstum eines YouTube-Kanals.

Die Popularität von YouTube ist in den letzten Jahren sprunghaft angestiegen. Als YouTube 2005 mit Me at the Zoo an den Start ging, konnte niemand ahnen, wie wichtig es werden würde. 18 Monate nachdem der YouTube-Mitbegründer Chad Hurley seinen Zoobesuch weltweit ausgestrahlt hatte, gab Google bekannt, dass es die Website für 1,65 Milliarden Dollar kaufen würde. Seitdem sind Macht und Einfluss von YouTube in rasantem Tempo gewachsen. Es ist sogar die zweitgrößte Suchmaschine der Welt, nach Google. Einige der Zahlen sind verblüffend:

1. 1.325.000.000 Menschen nutzen YouTube.

2. Jede Minute werden 300 Stunden an Videos auf YouTube veröffentlicht.

3. Jeden Tag werden 4.950.000.000 Videos auf YouTube angesehen.

4. Jeden Tag werden 1.000.000.000 mobile YouTube-Videos angesehen.

Im Jahr 2016 gab Google eine Umfrage in Auftrag, um mehr über die jüngsten YouTube-Nutzungsgewohnheiten zu erfahren. Im Folgenden sind einige der Highlights der Umfrage aufgeführt. Online-Videoplattformen werden von 6 von 10 Personen dem Live-Fernsehen vorgezogen. Acht von zehn 18- bis 49-

Jährigen sehen sich jeden Monat YouTube an. YouTube erreicht mehr 18- bis 49-Jährige über Mobiltelefone als jeder andere Fernsehsender oder Kabelfernsehsender.

Im Jahr 2017 konzentrierte sich Google auf Nutzer, die YouTube auf ihren Fernsehgeräten ansehen. Zu den Höhepunkten der Untersuchung gehören die folgenden. Die meisten Menschen sehen sich Videos lieber online als auf dem Fernseher an. Acht von zehn 18- bis 49-Jährigen sehen sich jeden Monat YouTube an. YouTube erreicht mehr 18- bis 49-Jährige auf dem Handy als jeder andere Fernsehsender oder Kabelsender. Im Jahr 2017 konzentrierte sich Google auf Nutzer, die YouTube auf ihren Fernsehgeräten ansehen. Zu den Höhepunkten der Studie gehören die folgenden. Für viele Menschen dient YouTube nur einem Zweck: schnell und einfach Musikvideos anzusehen. Musikvideos können jedoch nicht übersehen werden, weil es so viele davon gibt! "See You Again" von Wiz Khalifa featuring Charlie Puth wurde laut der Wikipedia-Liste der meistgesehenen YouTube-Videos 2,916 Milliarden Mal aufgerufen und hat damit den langjährigen YouTube-König "Gangnam Style" überholt. Musikvideos machen 77 der 80 meistgesehenen Videos auf der Liste aus. YouTube ist jedoch viel mehr als nur ein Ort zum Anschauen von Musikvideos. Offizielle Musikvideos bieten unter dem Gesichtspunkt des Influencer-Marketings nur minimale Möglichkeiten für die Promotion durch Influencer. Es gibt jedoch eine Reihe anderer Formen von Videos, die den Vermarktern größere Chancen bieten.

- **Lustige Tiere.**

Es ist unmöglich, im Internet nicht auf amüsante Kreaturen zu stoßen; vor allem die Facebook-Feeds scheinen manchmal davon überfüllt zu sein. Catnapping-Videos sind dieses Jahr nicht so beliebt, aber die Leute lieben es immer noch, niedliche Tiere in Aktion zu sehen. Simons Cat ist ein Beispiel für einen beliebten YouTube-Kanal, der sich lustigen Tiervideos widmet, darunter echte und animierte Tiere. Es gibt natürlich auch einige ernsthafte Tierkanäle, darunter National Geographic-Filme mit Sir David Attenborough in der Hauptrolle.

- **Videospiel-Walkthroughs.**

Obwohl PewDiePie, der beliebteste YouTuber der Welt, in dieser Art von Videos die Oberhand hat, konnten wir nicht widerstehen, ihn in unsere Auswahl aufzunehmen. Millionen von YouTube-Kanälen sind dem Videospiel gewidmet, seit junge Burschen (die häufigsten Gamer) die Website als erste entdeckt haben. Die 1.000 besten Minecraft-YouTube-Kanäle sind auf einer Website zu finden, die sich ausschließlich mit der Allgegenwart des Spiels beschäftigt. Es ist üblich, dass SpielerInnen ein Video mit einer Komplettlösung aufnehmen, in dem sie ein ganzes Videospiel durchspielen und ihren Fortschritt kommentieren. Einer der Gründe für die Popularität von Minecraft ist, dass Filmemacher die Fähigkeit des Spiels, leicht verändert zu werden, in ihren Filmen nutzen, in denen sie oft als personalisierte Charaktere auftreten. Es kann viel Engagement und sogar Live-Spielsitzungen zwischen Spielevideomachern und ihren Zuschauern geben.

- **Anleitungen und Tutorials.**

Visuell (durch Sehen), auditiv (durch Hören) und kinästhetisch (durch Bewegung) sind die drei Arten des Lernens (durch Tun). Jeder Mensch lernt mit einer Mischung aus diesen Ansätzen, aber die meisten Menschen bevorzugen eine Methode gegenüber den anderen. Gute Lehrerinnen und Lehrer versuchen, in ihrem Unterricht eine Kombination aus allen drei Strategien anzuwenden. Obwohl der kinästhetische Unterricht per Video immer schwierig sein wird, ist es das ideale Medium für diejenigen, die visuelle und auditive Lernerfahrungen genießen. Diejenigen, die eher kinästhetisch veranlagt sind, können von einem gut strukturierten Video profitieren, das sie dazu anregt, parallel zur Präsentation zu arbeiten. Es gibt so viele Anleitungsvideos auf YouTube, dass Sie garantiert etwas finden werden, das Ihnen bei fast jeder Aufgabe hilft. Der einzige Grund, warum ein Video veraltet ist, ist, wenn sich die Tätigkeit selbst ändert oder veraltet ist.

- **Produktbewertungen.**

Das Internet ist für viele Menschen zu einer offensichtlichen Informationsquelle geworden, wenn sie einen Kauf in Erwägung ziehen. Wenn sie sich für ein

Produkt interessieren, wollen sie wissen, was andere Leute darüber denken. YouTube ist in dieser Hinsicht ähnlich wie alle anderen sozialen Medien. Um zu sehen, was andere zu sagen haben, schalten die Menschen die Kanäle von Leuten ein, die sie kennen und denen sie vertrauen.

Umfragen zufolge sind Kunden eher daran interessiert, ein Produkt zu kaufen, wenn sie online eine positive Bewertung lesen. Eine Vielzahl von Produkten kann von der Nutzung von YouTube profitieren, aber es hängt alles davon ab, was Sie zu bewerben versuchen. Es spielt keine Rolle, ob es sich um Kosmetika, ein Fahrzeug oder ein neues Küchengerät handelt; die Leute sind eher bereit, sich mit einer Rezension zu beschäftigen, wenn sie das Produkt in Aktion sehen können.

- **Berühmtheiten-Klatsch-Videos.**

Die Faszination der Menschen für den Klatsch und Tratsch von Prominenten ist nichts Neues: Zeitungsblätter leben seit Jahren davon, und sogar Kabelfernsehsender widmen sich diesem Thema. Es ist also keine Überraschung, dass viele Menschen auf YouTube nach

Klatsch und Tratsch über Prominente suchen. Natürlich sehen viele dieser Filme immer noch so aus, als kämen sie direkt aus der Zeitung.

- **Vlogs.**

    Weblog, die natürliche Abkürzung für "Weblog", wird heute oft als "Blog" bezeichnet. Ursprünglich wurde der Begriff jedoch verwendet, um ein webbasiertes Tagebuch über die täglichen Aktivitäten einer Person zu beschreiben. Viele Leute schreiben über ihr tägliches Frühstück und das, was sie am Vortag erreicht haben, auch wenn sich Blogs seitdem weiterentwickelt haben. Es gibt einige Ähnlichkeiten zwischen Vlogs und Blogs, aber sie sind nicht dasselbe Konzept. Anders ausgedrückt: Sie sind wie ein Film über einen alten Tagebucheintrag. Daher ist das Material oft fesselnder, da es auf YouTube zu sehen ist und nicht in einem unter dem Bett versteckten Tagebuch. Ungeschriebenes Sprechen und der Anschein eines ehrlichen Einblicks in die Gedankenwelt des Vloggers sind die Markenzeichen des Vlogging. Sie ziehen es vor, sich auf ein einziges Wissensgebiet zu spezialisieren. In der YouTube-Gemeinde werden Vlogs manchmal mit dem Reality-TV verglichen. Man erhält einen Einblick in den Tagesablauf des YouTubers (oder zumindest so viel, wie er bereit ist, preiszugeben). Viele Vlog-Kanäle haben eine große Fangemeinde, ähnlich wie beim Reality-Fernsehen, das eine große Anzahl von Zuschauern hat.

- **Komödie/Sketch Videos.**

    Viele Menschen nutzen Humor und Sketchfilme, um ihre Zuschauer bei Laune zu halten. Bei den vielen Comedy-Videos, die online verfügbar sind, werden Sie wahrscheinlich jemanden finden, der Ihren Sinn für Humor teilt. Zu den am häufigsten geteilten Videos auf Facebook und anderen Social-Media-Plattformen gehören diese urkomischen Clips. Es besteht eine gute Chance, dass dieser Geschmack zu einer viralen Sensation wird. Viele YouTube-Comedy-Kanäle haben eine größere Fangemeinde als viele Comedy-Sendungen im Fernsehen.

- **Einkaufsbummel/Hauls.**

Anderen Menschen beim Kauf von Dingen zuzusehen, von denen sie nur träumen können, ist für viele Frauen ein beliebter Zeitvertreib. Gibt es beim Schuhkauf etwas Schöneres, als zu sehen, wie jemand anderes den quälenden Prozess durchläuft? Man nennt sie Haul-Filme, weil sie Menschen beim Kauf bestimmter Dinge begleiten. Beauty-, Mode- und Lifestyle-Kanäle sind die häufigsten Orte, an denen man diese Filme entdecken kann. Unternehmen, die an Influencer-Marketing interessiert sind, können sich diese Videos zunutze machen, solange die gekauften Artikel zu den Produkten passen, die das Publikum des Kanals liebt und will.

- **Unboxing-Videos.**

    Unboxing-Videos sind ein typisches Phänomen des einundzwanzigsten Jahrhunderts. Jahrhunderts. Sie wären überrascht, wie viele Menschen die Gelegenheit nutzen, um zu sehen, wie jemand anderes etwas ganz Neues auspackt. Es handelt sich dabei um eine Mischung aus Einkaufsbummel und Produktbesprechung; in Wirklichkeit liegen sie irgendwo dazwischen. Das Auspacken der Geschenke und die Entdeckung, was sich darin befindet, ist für ein Kind wie der Nervenkitzel am Weihnachtsmorgen. Wenn Sie schon einmal ein Unboxing-Video gesehen haben, wissen Sie, wie aufregend es ist, zum ersten Mal zu sehen, was sich in einem Geschenk befindet. Für Unternehmen können Unboxing-Filme ein wirkungsvolles Instrument sein, um die Kaufentscheidungen der Verbraucher zu beeinflussen und eine lukrative Einnahmequelle zu erschließen. Wie andere Bereiche des Influencer-Marketings ist auch dieser sehr vielversprechend.

- **Lehrreiche Videos.**

    Wir haben auf dieser Seite Lehrvideos von Anleitungen getrennt, auch wenn sie ebenfalls lehrreich sein können. Es ist möglich, die beiden Gruppen aufgrund ihrer Größe voneinander zu unterscheiden. TED und National Geographic sind zwei der bekanntesten Kanäle, die mit großen offiziellen Organisationen verbunden sind und ihr Material anbieten. Lehrfilme erscheinen auf den Websites von Unternehmen jeder Größe und in allen Branchen. Die zweite Art von Lehrvideokanälen ist für

Kinder im Vorschul- und Grundschulalter gedacht. Sie zielen darauf ab, Denkanstöße und interessante Videos für ihre jugendliche Zielgruppe zu liefern. Ein weiteres Genre, das als Evergreen eingestuft werden kann, da viele dieser Videos neue Zuschauer anziehen und immer wieder aufgerufen werden. Sie "zersetzen" sich, wenn ihr pädagogischer Wert nicht mehr relevant ist.

- **Parodien.**

Die Popularität von Parodien auf YouTube macht sie zu einer eigenen Kategorie im Vergleich zu anderen komödiantischen Videos. Einige Parodie-Videokanäle sind beliebter und geschickter als andere. Die Parodien von Musikvideos, die von einigen der Besten erstellt werden, sind in der Regel ziemlich ausgefeilt. Bei der Erstellung von Parodievideos kann der Unterschied zwischen einem erfolgreichen Video und einem, das beim Zuschauer keinen Anklang findet, sehr klein sein.

- **Streiche.**

Vor einem Jahrzehnt machte Jackass Johnny Knoxville zu einer bekannten Marke, was in vielerlei Hinsicht den Weg für alle YouTube-Streichvideos ebnete. Ihre Popularität ist auf YouTube sowie auf Facebook und anderen Social-Media-Seiten unbestreitbar. In diesen Filmen werden Streiche mit Freunden, Familienmitgliedern und der breiten Öffentlichkeit gezeigt. Wenn es darum geht, Einzelpersonen zu Social-Media-Stars zu machen, sind diese Filme eine gute Option. Videoserien, in denen sich Personen gegenseitig Streiche spielen, um sich dann im nächsten Video zu revanchieren, werden immer häufiger. Es gibt Streichvideos sowohl für Männer als auch für Frauen. Die Überzeugungen der Pranksters und die der Marken, mit denen sie arbeiten, sind nicht immer kompatibel, daher ist es wichtig sicherzustellen, dass sie auf derselben Seite stehen.

Kapitel no.3

Wie man YouTube-Abonnenten bekommt.

Warum ist es wichtig, YouTube-Abonnenten zu haben?

Betrachten Sie Ihren YouTube-Kanal als Ihren Club und Ihre Abonnenten als Ihre Fans. Abonnenten sind Ihre begeisterten Anhänger, die ihre Hand gehoben haben, um zu zeigen, dass sie mehr von Ihren Inhalten wollen und dass diese bei ihnen Anklang finden. Sie haben auch erklärt, dass sie kein einziges Video verpassen wollen, um Benachrichtigungen zu erhalten. Das Beispiel von Mean Girls zeigt, wie eine große Fangemeinde die soziale Glaubwürdigkeit erhöht. Je mehr Abonnenten Sie haben, desto mächtiger erscheinen Sie und desto begehrenswerter erscheint Ihr Kanal für neue, potenzielle Abonnenten. Es gibt auch Abonnenten-Benchmarks, die Sie erreichen müssen, um Ihre YouTube-Fähigkeiten zu verbessern. Wenn Sie z. B. 100 Abonnenten erreichen, können Sie eine personalisierte URL für Ihren Kanal erstellen. Wenn Sie 1.000 Abonnenten erreichen, haben Sie eine der Anforderungen des YouTube-Partnerprogramms erfüllt.

Außerdem legt der YouTube-Algorithmus großen Wert auf Engagement, und Abonnenten, die mit Ihnen als Ersteller zu tun haben, werden sich eher mit Ihnen beschäftigen. Sie werden Ihr neues Material als Erste sehen, es (theoretisch) eher kommentieren und es mit Freunden teilen, die ähnliche Interessen haben. Je mehr Menschen sich mit Ihrem Material beschäftigen, desto mehr wird es von YouTube als vertrauenswürdiges Video angesehen und ganz oben in den Suchergebnissen platziert, so dass neue Zuschauer Ihren Kanal leichter finden können.

Ein weiterer Vorteil der Teilnahme am Partnerprogramm ist die Möglichkeit, Geld zu verdienen. Wenn Sie 1.000 Abonnenten und 4.000 Stunden Sehdauer auf Ihrem Kanal haben, können Sie Geld mit Display-, Overlay- und Videoanzeigen verdienen. Und das ist noch nicht alles: Mit 1.000 Abonnenten können Sie anfangen, Kanalmitgliedschaften zu verkaufen, und bei 10.000 Abonnenten können Sie anfangen, Markenprodukte an Ihre Follower auf Ihren Überwachungsseiten zu verkaufen. Nachdem Sie nun wissen, warum Abonnenten so wichtig sind, sehen wir uns an, wie Sie Ihren Abonnentenstamm organisch vergrößern können, um von den Vorteilen Ihrer Zielgruppe zu profitieren.

1. Konsistente Inhalte erstellen.

Beständigkeit ist entscheidend für einen erfolgreichen YouTube-Kanal. Als Kabelfernsehen noch die einzige Option war, haben die Fans es sich zur Aufgabe gemacht, Zeit in ihren Terminkalender einzuplanen, um eine Sendung zu sehen, wenn sie ausgestrahlt wurde. Sie konnten vorhersehen, wann die nächste Folge ausgestrahlt wurde, und investierten in das Programm, da es kontinuierlich ausgestrahlt wurde. Mit anderen Worten: Das Netzfernsehen bot denjenigen, die Woche für Woche einschalteten, um ihre Lieblingssendungen zu sehen, eine beständige Quelle der Unterhaltung. Und was passiert, wenn eine Sendung plötzlich ausläuft oder wenn der Sender beschließt, sie nicht zu verlängern? Als "The Secret Circle" von CW nach der ersten Staffel abgesetzt wurde, fühlte ich mich betrogen, da die Cliffhanger, die mir hinterlassen wurden, nie aufgelöst wurden. Fans von YouTube-Schöpferinnen und -Schöpfern haben eine ähnliche Hingabe an sie. Wenn Sie regelmäßig qualitativ hochwertige Inhalte veröffentlichen, bietet dies potenziellen neuen Abonnenten einen Grund, sie zu abonnieren. Es bietet den Verbrauchern einen Grund, ihre wertvolle Zeit Ihrem Material zu widmen, weil sie wissen, wann Sie etwas Neues veröffentlichen werden. Acculevel, ein in Rossville, Indiana, ansässiges Unternehmen für Fundamentreparaturen, informiert die Leute auf seinem Kanalbanner über seine regelmäßigen Veröffentlichungen. Um zu vermeiden, dass Sie jeden Donnerstag ein neues Video von Acculevel verpassen, sehen Sie sich das Banner ihres Kanals an, wenn Sie ihn noch nicht abonniert haben (siehe oben).

2. Nutzen Sie Ihren Channel-Trailer.

Ein Kanaltrailer ist ein hervorgehobenes Video, das auf der Startseite deines YouTube-Kanals erscheint. Er funktioniert ähnlich wie ein Filmtrailer, indem er es den Leuten ermöglicht, mehr über Sie zu erfahren. Der Teaser dient auch als Gelegenheit, potenzielle Besucher darüber zu informieren, wann neue Videos veröffentlicht werden und warum sie den Kanal abonnieren sollten. Die Anwaltskanzlei Grossman, ein IMPACT-Kunde, nutzt diesen Channel-Trailer, um Besucher zu ermutigen, frisches Material zu abonnieren. Dieser Trailer, der auf ihrem Kanal für Nachlass- und Treuhandverfahren in Kalifornien zu sehen ist, schafft es auf hervorragende Weise, die Erwartungen der Menschen zu erfüllen, die an dieser Art von Inhalten interessiert sind. Scott erwähnt die Rechtsgebiete, die sie in ihren Filmen behandeln, den

Bundesstaat, für den sie gelten, und die Tatsache, dass sie regelmäßig neue Informationen generieren. Er ermutigt jeden, der sich dieses Video ansieht, den Kanal zu abonnieren. Kurz und bündig, dieses Video leistet hervorragende Arbeit, um vernünftige Erwartungen bei der Zielgruppe des Kanals zu wecken und sie zu überzeugen, auf die Schaltfläche "Abonnieren" zu klicken.

3. Bitten Sie Ihre Zuschauer direkt um ein Abonnement.

Auch wenn es wie ein Klischee klingt, ist es eine einfache und erfolgreiche Methode, um die Zahl der YouTube-Abonnenten zu erhöhen, indem Sie Ihr Publikum dazu ermutigen, Ihre Beiträge direkt zu liken und zu abonnieren. Teilen Sie mit, wie viel Ihnen ihre Interaktion als Kreativer bedeutet, um menschlich und authentisch zu sein.

Einige Künstler tun dies am Ende des Videos, während La-Z-Boy aus Ottawa und Kingston in Kanada, ein früherer IMPACT-Kunde, damit begonnen hat, die Zuschauer in der Mitte zu bitten, ein Abonnement abzuschließen. Die Aufforderung zum Abonnieren findet sich etwa bei 1:58 im untenstehenden Beispiel! Sie ermutigen die Zuschauer nicht nur, ein Abonnement für zusätzliche Inhalte abzuschließen, sondern sie fügen auch eine Grafik ein, um die Frage visuell zu unterstreichen. Da es sich um ein Einzelhandelsgeschäft handelt, in dem viele Verbraucher die Möbel sehen, bevor sie sie kaufen, leistet Dave, der Darsteller vor der Kamera, hervorragende Arbeit, indem er die Zuschauer dazu auffordert, das Geschäft zu besuchen und "Hallo zu ihm zu sagen", damit er ihnen beim Möbelkauf behilflich sein kann. PS: Daves Auftritte auf dem YouTube-Kanal haben ihm Anerkennung im Geschäft eingebracht! #Superstar.

4. Die Anmeldung sollte so einfach wie möglich gestaltet werden.

Machen Sie es den Zuschauern so einfach wie möglich, Ihr Video zu abonnieren, während sie es ansehen. Fügen Sie im Video Anmerkungen ein, die es den Zuschauern ermöglichen, das Video durch Klicken auf eine Schaltfläche zu abonnieren. VidIQ, ein Tool zum Ausbau Ihrer YouTube-Präsenz, leistet hier hervorragende Arbeit. Auf dem Screenshot unten sehen Sie, dass es eine Schaltfläche gibt, die, wenn man mit dem Mauszeiger darüber fährt, ein Abonnement ermöglicht. Stellen Sie sicher, dass Sie die Leute verbal dazu ermutigen, Ihren Kanal zu abonnieren, und dass Sie zusätzlich Anmerkungen in Ihrem Video veröffentlichen. Eine persönlichere Methode, um mit Ihrem Publikum in Kontakt zu treten und es zu ermutigen, sich für Ihren Newsletter anzumelden, besteht darin, diese Methode anzuwenden. Stellen Sie sicher, dass Sie Ihren Lesern ein paar Optionen zum Abonnieren anbieten, wenn sie nicht bereit sind, wenn Sie sie zum ersten Mal fragen.

5. Erstellen Sie ansprechende Miniaturansichten.

Auch wenn dieser Tipp nicht so offensichtlich erscheint wie die anderen, bedenken Sie dies: Damit die anderen Vorschläge funktionieren, müssen Sie zuerst dafür sorgen, dass die Leute Ihr Material wahrnehmen! Wenn ein potenzieller Betrachter eine Suchanfrage eingibt, die Eingabetaste drückt und die Ergebnisse angezeigt werden, ist das Vorschaubild Teil des ersten visuellen Eindrucks, den er erhält. Mit der Miniaturansicht heben Sie sich von den anderen Suchergebnissen ab und gewinnen die Aufmerksamkeit des Nutzers. Die Miniaturansicht und der Titel dieses Videos sind identisch und zeigen dem Betrachter, dass dieses Video wirklich das Thema behandelt, nach dem er sucht. Das Thumbnail zeigt auch das fröhliche Gesicht des Kameramanns, der in einem professionellen Kleid für HLK-Anlagen gekleidet ist, was darauf hindeutet, dass diese Person weiß, wovon sie spricht. Sie machen es intuitiv und einfach zu sehen, wenn Sie nach Informationen zu diesem Thema suchen, und wenn Sie die qualitativ hochwertigen Videos machen, die Sie machen sollten, haben Sie eine viel bessere Chance, Abonnenten zu gewinnen.

6. Zusammenarbeit mit anderen Kreativen.

Auf YouTube gibt es sicherlich Firmen, die ein vergleichbares Publikum wie Sie haben. Deren Bewunderer könnten auch Ihr Material lieben. Die Zusammenarbeit mit diesen Schöpfern ist eine fantastische Methode, um neue

Leute zu erreichen und neue Abonnenten zu gewinnen. Werfen wir einen Blick auf ein anderes Szenario. Für Musiker ist YouTube ein riesiges Medium, und Boyce Avenue ist schon seit langem dabei. Sie spielen eigene Songs und arbeiten mit anderen YouTube-Musikern zusammen, wie z. B. mit Jennel Garcia (siehe unten). Das identische Video ist auf Garcias Seite zu sehen. Wenn Jennels Publikum Boyce Avenue also noch nicht kannte, dann kennt es sie jetzt. Leider bin ich nicht musikalisch, so dass ich mir nicht vorstellen kann, wie es ist, mit einem anderen Musiker zu jammen. Wenn ich jedoch sehe, dass ein Künstler, den ich mag, mit einem anderen zusammenarbeitet, würde ich mir wahrscheinlich dessen Kanal anhören und ihn möglicherweise in meine Liste der Kanäle aufnehmen, die ich abonnieren möchte. Das ist so, als würde der beste Kumpel eine neue Serie empfehlen oder ein großer Sender beschließen, eine Serie zu überschneiden, um eine andere Sendung auf seinem Sender zu bewerben. Das Gleiche gilt für Unternehmen. Wenn Sie ein Interview auf dem Kanal eines anderen Branchenexperten führen, erreichen Sie dessen Publikum, zu dem zweifellos viele Menschen gehören, die noch nie von Ihnen gehört haben. Diese könnten eher geneigt sein, sich Ihren Kanal anzusehen und sogar ein Abonnement abzuschließen, nachdem sie auf Sie aufmerksam geworden sind.

7. Durchsuchbare Titel erstellen.

Der Titel des Films ist ebenso wie das Vorschaubild sehr wichtig. Ein guter Titel gibt den Ton für das Video an, nicht nur für das, worum es geht, sondern auch für das, was es erreichen soll, und er ermutigt die Leute zum Klicken und Anschauen. Wenn ein Ersteller zeigt, dass er die

Suchabsicht des Nutzers verstanden hat, ist das ein Zeichen dafür, dass er die Wünsche des Publikums kennt und weiß, wonach es sucht. Um zu verstehen, warum das so ist, müssen Sie ein wenig weiter ausholen. Es schafft Vertrauen und zeigt, dass Sie eine vertrauenswürdige Quelle sind, die es wert ist, abonniert zu werden, wenn der Nutzer weitere Fragen hat.

8. Erstellen Sie Wiedergabelisten zum Anschauen.

Ich bin gerade dabei, meine Hochzeit zu organisieren. Ich habe noch nie eine Hochzeit geplant, woher soll ich also wissen, wo ich anfangen soll? Hier kommt die Bluebird Bride Academy Playlist "Wo soll ich mit der Hochzeitsplanung anfangen". Lauren erzählt, dass sie schon viele Hochzeiten organisiert hat, und im ersten Video ist sie hier, um zu helfen, was mich als Hochzeitsplanungsanfängerin sofort beruhigt.

Sie beginnt mit den Grundlagen und geht dann im folgenden Video auf spezifischere Fragen ein, die man möglichen Veranstaltungsorten stellen sollte. Sie führte mich durch alles, was ich wissen musste, ließ den Prozess weniger entmutigend erscheinen und hielt mich auf Kurs. Sie können verstehen, dass diese Braut diesen Kanal schnell abonniert hat und alle Fragen, die ich hatte, an Lauren richtete. Und da bin ich nicht die Einzige, wenn man bedenkt, dass sie über 5.000 Abonnenten hat. Playlists bieten Ihnen die besten Chancen, neue Abonnenten zu gewinnen, da sie zeigen, dass Ihr Material konsistent ist und sie auf eine langfristige Reise führt. Um das Interesse der Leute aufrechtzuerhalten, müssen Sie ein langfristiges Ziel oder einen Prozess in Ihre Playlist aufnehmen.

9. Engagieren Sie sich bei Ihrem Publikum.

Unternehmen haben die einmalige Chance, über soziale Medien mit ihren Anhängern und Käufern in Kontakt zu treten und sich mit ihnen auszutauschen. Und da 57 Prozent der Verbraucher glauben, dass eine menschliche Verbindung die Markentreue erhöht, und 58 Prozent glauben, dass eine menschliche Verbindung die Wahrscheinlichkeit eines Kaufs erhöht, ist die Pflege dieser Beziehung zu Ihrem Publikum entscheidend. Eine Frage zu einem deiner Videos zu stellen und sie als Ersteller an den Anfang des Threads zu setzen, ist ein hervorragender Ansatz, um potenziellen Abonnenten zu zeigen, dass du in der YouTube-Community aktiv bist. Wenn Sie eine Bemerkung posten und oben auf der Seite anheften, zeigt das nicht nur, dass Sie sich mit der Plattform beschäftigt haben, sondern regt auch zu Diskussionen über das Thema des Videos an. Folgen Sie den Kanälen Ihrer treuesten Fans und reagieren Sie auch auf deren Kommentare. Wer weiß, vielleicht hinterlässt einer Ihrer Besucher in den

Kommentaren einen großartigen Vorschlag für ein zukünftiges Video!

10. Nutzen Sie zusätzliche Konten in sozialen Medien, um Ihren Kanal bekannt zu machen.

Nutzen Sie die Chance, Ihre Inhalte auf den anderen von Ihnen genutzten Social Media-Kanälen zu bewerben, wenn Sie ein neues Video veröffentlichen, und ermutigen Sie die Leute, es zu abonnieren. Es basiert auf der Idee, dass jemand, der Ihnen auf einer Plattform folgt und dem Ihre Beiträge gefallen, Ihnen vielleicht auch auf einer anderen folgt - in diesem Fall auf YouTube. Ein hervorragendes Beispiel dafür ist The Buttery Bros, ein YouTube-Kanal, den ich mir oft anschaue. Diese Content-Macher haben sich auf Fitness spezialisiert, insbesondere auf Athleten, die an den CrossFit Games teilnehmen. Sie veröffentlichen auf Instagram immer dann, wenn eine neue Episode veröffentlicht wird, wie im folgenden Beispiel zu sehen ist. Mit einem faszinierenden Bild und ein paar Informationen über die Episode wird das Instagram-Publikum darüber informiert, dass eine neue Episode auf YouTube veröffentlicht wurde. Die Grafik dieses Posts ähnelt dem YouTube-Thumbnail, das sie verwenden, und geht noch einen Schritt weiter, um ein unterbewusstes Gefühl der Markenerkennung zu vermitteln.

11. Teilen Sie mit, woran Sie als nächstes arbeiten.

Wenn man an das herkömmliche Fernsehen zurückdenkt, bestand eine Möglichkeit, die Zuschauer dazu zu bringen, ihre Lieblingssendung in der nächsten Woche zu sehen, darin, ihnen einen Vorgeschmack auf das zu geben, was sie in der nächsten Woche erwartet. Game of Thrones zum Beispiel war dafür berüchtigt, dass man den Zuschauer mit ahnungsvoller Musik und schnellen Schnitten fesselte und sein Interesse für die nächste Folge weckte. Ihre YouTube-Inhalte haben das Potenzial, das gleiche Interesse zu wecken.

Zu zeigen, woran du als Nächstes arbeitest, wenn du willst, dass die Leute dich abonnieren, ist eine großartige Methode, um ihnen zu zeigen, was sie bekommen, wenn sie es tun. Wenn Sie zum Beispiel eine Ratgeberserie entwickeln, ist das eine hervorragende Methode, um Ihre Leser dazu zu bewegen, bei Ihrer nächsten Reise dabei zu bleiben. Es ist wesentlich wahrscheinlicher, dass die Leute den Wert eines Abonnements erkennen, wenn Sie ihnen Lust auf mehr machen und ihnen zeigen, was als Nächstes kommt.

12. Eine Geschichte erzählen.

Es gibt einen Grund, warum das Geschichtenerzählen seit Jahrtausenden überdauert hat. Obwohl sich das Medium verändert hat, bleibt die Formel dieselbe. Ihre Zuschauer wollen gleichzeitig informiert und unterhalten werden. Sie wollen wissen, dass Sie verstehen, was sie durchmachen, und dass Sie sich in sie hineinversetzen können. Menschen fühlen sich von Geschichten angezogen, wenn sie sich darin wiedererkennen. Rhodes ist ein anerkannter Experte in seinem Beruf und ein echter Mensch, mit dem sich die Menschen identifizieren und mit ihm mitfiebern können, weil er sich darauf konzentriert, wahre Geschichten über die Heimarbeit zu erzählen und Geschichten über seine

Familie mit einzubeziehen. Überlegen Sie, welche Geschichte Sie mit Ihren Inhalten erzählen wollen. Welches Wissen haben Sie, das Sie mit dem Rest der Welt teilen können? Ist es möglich, Dinge so zu formulieren, dass sie eine Geschichte erzählen und gleichzeitig Vertrauen schaffen? Wenn es darum geht, die Welt zu verstehen und unsere Erfahrungen weiterzugeben, haben wir seit Anbeginn der Zeit Geschichten erzählt. Wenn Sie dies lesen und nicht glauben, dass Sie eine fesselnde Geschichte zu erzählen haben, sollten Sie noch einmal nachschauen. Mit Milliarden von monatlichen Besuchern auf YouTube besteht ein erhebliches Potenzial, dass Ihre Erzählung bei Menschen Anklang findet, die zu Ihrem Abonnentenstamm werden könnten.

Abonnenten schaffen Mehrwert für Ihren Kanal.

Einfach ausgedrückt: Ihre YouTube-Abonnenten sind nicht nur Ihre eingefleischten Fans, sondern sie sind auch die ersten, die ein neues Video sehen, wenn es veröffentlicht wird, die ersten, die sich damit auseinandersetzen; sie sind auch die enthusiastischsten, wenn es darum geht, es anderen zu empfehlen, die ihre

Leidenschaften teilen. Höhere YouTube-Abonnentenzahlen sind entscheidend für den Erfolg auf der Plattform, wobei der Schwerpunkt auf dem Aufbau einer Community liegt. Es gibt mehrere Abonnenten-Meilensteine, die Sie erreichen müssen, um in Ihrer YouTube-Karriere voranzukommen. Die Zahl der Abonnenten wird schnell steigen, wenn Sie sich darauf konzentrieren, wertvolle und unterhaltsame Inhalte für ein bestimmtes Publikum zu produzieren, aber zögern Sie nicht, mit neuen Ideen zu experimentieren. Sie wissen nie, was bei Ihrem Publikum ankommt, wenn Sie es nicht ausprobieren. Und wenn etwas nicht funktioniert, ist Ihr Kanal noch nicht zu Ende.

Kapitel no. 4

YouTube-Stars sind einflussreicher als andere traditionelle Berühmtheiten.

YouTube-Produzenten sind für Millennials, die viel Zeit mit dem Ansehen von Internetvideos verbringen, einflussreicher als herkömmliche Prominente. Hier vergleichen wir den Einfluss von YouTube-Persönlichkeiten mit dem von Fernsehen, Kino, Sport, Musik und anderen Berühmtheiten und stellen ihn ihnen gegenüber. Viele Jahrzehnte lang diente das Fernsehen als Hauptquelle für Nachrichten und Unterhaltung. Auf diese Weise wurden sie auch für das Marketing angesprochen. In fast jedem Werbespot war ein Prominenter zu sehen, der die Überlegenheit eines bestimmten Produkts oder einer Dienstleistung anpries. Das ist in gewissem Maße auch heute noch so. Neil Patrick Harris tritt in der Werbung für Heineken-Bier auf, und es gibt eine ganze Reihe von Prominenten in der Super-Bowl-Werbung. Der Aufstieg der sozialen Medien, die abnehmende Popularität des Fernsehens und die Abneigung der Menschen gegen Werbung führen jedoch zu einer Neudefinition des Begriffs "Prominente". Jetzt sind es die einfachen Leute, die Trends setzen und die öffentliche Meinung prägen, und sie tun es auf YouTube. Im Jahr 2015 waren die Millennials mit einer Kaufkraft von 1,3 Billionen Dollar die wichtigste Verbraucherdemografie.

Millennials sind eine beliebte Zielgruppe für Vermarkter, doch sie sehen selten fern und interessieren sich nicht dafür, was prominente Persönlichkeiten über Produkte oder Dienstleistungen sagen. Das meiste Vertrauen setzen sie in ihre Social-Media-Stämme und die Beratung durch Gleichaltrige. In einer Umfrage von Defy Media gaben 63 Prozent der Befragten im Alter von 13 bis 24 Jahren an, dass sie eine Marke oder ein Produkt ausprobieren würden, das von einem YouTube-Videomacher empfohlen wird, verglichen mit nur 48 Prozent, die das Gleiche über einen Prominenten aus Film oder Fernsehen sagten. Die Unternehmen nehmen dies zur Kenntnis und wenden sich an normale Menschen statt an Prominente, um Millennials zu erreichen. Überraschenderweise geht der Einfluss der YouTube-Stars auf jüngere Menschen über den Kauf hinaus.

Im Jahr 2014 gab Variety eine Umfrage unter 13- bis 18-Jährigen in den Vereinigten Staaten in Auftrag, um die einflussreichsten Menschen in ihrem Leben zu ermitteln. Sie wurden gebeten, 20 bekannte Personen nach ihrer Zugänglichkeit, Aufrichtigkeit und anderen Faktoren zu bewerten, die die Befragten als wesentliche Bestandteile ihres Gesamteinflusses ansahen. Beliebte YouTuber dominierten die ersten fünf Plätze in der endgültigen Liste, während etablierte Berühmtheiten wie Jennifer Lawrence und Katy Perry auf den unteren Plätzen landeten. Das Magazin gab diese Untersuchung 2015 erneut in Auftrag. Die Ergebnisse sind jedoch gleich geblieben: Berühmte YouTube-Persönlichkeiten nehmen die ersten sechs Plätze ein. Warum also haben YouTube-Persönlichkeiten einen größeren Einfluss auf Millennials und Teenager als etablierte Prominente?

1. YouTube-Stars sind besser im Aufbau von Beziehungen.

Die Menschen haben keinen Bezug zu traditionellen Berühmtheiten, da sie eher nach ihren PR-Methoden als nach ihrem freien Willen zu handeln scheinen. Manchmal ist es schwer zu sagen, wo ein schön gemachtes Image aufhört und die natürliche Person beginnt. Unauthentizität ist etwas, das Millennials verabscheuen. Durch Freundlichkeit und intime Begegnungen mit ihren Zuschauern kommen YouTube-Stars dagegen besser bei den Menschen an. Sie scheuen sich nicht, verrückt, komisch oder seltsam zu sein oder über sensible und persönliche Themen wie Sex, Scheidung, häusliche Gewalt oder Rassismus zu sprechen. Laut einer von Google in Auftrag gegebenen Studie glauben 40 % der jugendlichen YouTube-Nutzer, dass ihre Lieblingsvideomacher sie besser kennen als ihre Freunde, und 70 % der Teenager glauben, dass sie sich besser mit ihnen identifizieren können als mit herkömmlichen Prominenten.

2. YouTube-Stars sorgen für mehr Engagement.

Es ist schwierig, sich vorzustellen, wie es wäre, herkömmliche Prominente zu kontaktieren und eine persönliche Antwort zu erhalten (und nicht eine, die von einem angeheuerten Vertreter geliefert wird). Auf der anderen Seite reagieren YouTube-Stars umgehend auf Kommentare, sind in den sozialen Medien ansprechbar und halten häufig Fragestunden mit ihrem Publikum ab, bei denen keine Frage tabu ist. Derselben Google-Statistik zufolge führt die Beziehung der YouTube-Inhaltsersteller zu ihrer Fangemeinde zu einem besseren Engagement. Videos, die von den 25 größten YouTube-Stars erstellt werden, werden dreimal so oft angesehen, 12-mal so oft kommentiert und zweimal so oft angeklickt wie Videos, die von Prominenten erstellt werden (Daumen hoch, teilen, anklicken usw.).

3. YouTube-Persönlichkeiten setzen Trends und prägen die Popkultur.

YouTuber setzen nach Ansicht der Mehrheit der Millennials inzwischen mehr Trends als traditionelle Superstars. 70 % der YouTube-Abonnenten glauben, dass YouTube-Persönlichkeiten die Popkultur beeinflussen und prägen, und 60 % von ihnen geben an, dass sie lieber etwas aufgrund der Empfehlung eines YouTube-Stars kaufen würden als aufgrund der Empfehlung eines Fernseh- oder Filmstars. Darüber hinaus gaben mehrere Teenager, die regelmäßig YouTube schauen, in einer von der Universität Twente durchgeführten Studie zu, dass sie sich dafür interessieren, "was ältere YouTuber über Dinge zu sagen haben", weil es ihnen hilft, ihre eigene Meinung und Weltsicht zu bestimmten Themen wie Design, Schönheit, Spiele, Beziehungen und Konfliktmanagement zu formen. Ältere Generationen, die der YouTube-Kultur weniger ausgesetzt sind und traditionelle Medien wie Fernsehen und Zeitungen bevorzugen, in denen traditionelle Prominente immer noch die Debatte prägen, könnten sich vom Einfluss der YouTube-Persönlichkeiten abgeschreckt fühlen. Bei den Millennials ist sie jedoch auf einem Allzeithoch.

4. YouTube-Stars sind Meister im Aufbau von Marken.

Wenn Sie nicht in der Nähe anderer Menschen sind, ist Ihre Marke Ihr Image, Ihre Wahrnehmung und Ihre Geschichte. Wenn wir nicht anwesend sind, lebt der Produzent jeglicher Form von Online-Inhalten von gutem Feedback. Es macht ihnen nichts aus, wenn die Beleuchtung schlecht ist oder mehr Wert auf Quantität als auf Qualität gelegt wird. Es ist das Geplapper, das zählt.

Wenn Sie einen Buzz erzeugt haben, bedeutet das, dass Sie das Interesse Ihres Publikums geweckt haben. Mit Promos und Werbespots lässt sich Geld verdienen, denn sie sind schnell, neu und technologisch anspruchsvoll. Die Produzenten können dann ihre Gewinne in den Kanal reinvestieren, indem sie ihre Ausrüstung aufrüsten oder mit hervorragenden Spezialisten zusammenarbeiten, um das Gesamterlebnis zu verbessern. Es verstärkt die Ausrichtung des Publikums und kann zu einem erhöhten Verkehrsaufkommen führen. Der Vorteil gegenüber traditionellen Stars ist, dass ihr Branding nicht mit dem häufigsten Besitz eines Millennials - einem Smartphone - in Verbindung gebracht wird. Werbespots, Sponsoring und Kennzeichnung sind für ihre Unternehmen von entscheidender Bedeutung. Oh! Natürlich haben sie ein Gesicht, einen Namen und einen Körper. Für Millennials sind das No-Go-Bereiche. Es ist ein einzigartiger Kampf. Es ist wie ein Kampf mit einem Flammenwerfer bei einer Stockschlacht.

5. YouTube-Stars sind Schrittmacher.

Von 70 % der YouTube-Stars wird erwartet, dass sie Trends setzen und die Popkultur oder die Kaufentscheidungen der Millennials beeinflussen. Diese Wahrheit könnte in Zukunft in Frage gestellt werden, wenn bessere Suchmaschinen Fernseher und Zeitungen ersetzen. Aber bei den Millennials ist es hoch im Kurs.

Warum YouTube-Stars einflussreicher sind als traditionelle Berühmtheiten.

Du sitzt in einem Café, und zwei deiner Freunde sitzen vor dir. A sitzt auf der rechten Seite. A erzählt dir von seinem Tag, erkundigt sich nach deinem und scheint interessiert und aufmerksam zu sein. B sitzt auf der linken Seite. B spricht nicht mit Ihnen oder interagiert in irgendeiner Weise mit Ihnen, solange er physisch bei Ihnen anwesend ist. Wenn du versuchst, ihre Aufmerksamkeit zu erlangen, sagt B dir trotzdem von Zeit zu Zeit, wie sehr sie dich liebt und schätzt, selbst wenn sie dich ignoriert. Mit wem würden Sie lieber Zeit verbringen? Im Juli 2016 veröffentlichten Celie O'Neil-Hart, Content Marketing Manager, und Howard Blumenstein, Product Marketing Manager, einen Artikel darüber, warum YouTube-Prominente einflussreicher sind als traditionelle Prominente (Why YouTube Stars Are More Influential Than Traditional Celebrities). Im obigen Vergleich werden YouTube-Stars durch A dargestellt, während traditionelle Prominente durch B repräsentiert werden. Die grundlegende Erklärung für die Unterschiede liegt darin, wie jeder seine jeweilige Berühmtheit in Bezug auf das Image und die Verbindung zu seinen Anhängern nutzt.

Traditionelle Superstars erlangen Bekanntheit, indem sie "unerreichbar" sind. Man kann nicht ihre schicken Kleider, ihr Geld, ihre Schönheit oder ihr Talent und vor allem nicht ihre Macht haben. Der Erfolg dieser Superstars beruht auf einem Publikum, das danach strebt, das zu haben, was sie haben - etwas, das sie höchstwahrscheinlich nie erreichen werden. Die Fans haben trotz ihrer Bewunderung für diese Berühmtheiten nichts mit deren Leben zu tun. YouTube-Prominente hingegen erscheinen als bewundernswerte, aber dennoch nahbare Bekannte. YouTube-Autoren profitieren von einer Videoplattform, die es ihnen ermöglicht, direkt mit ihrem Publikum zu interagieren. Unabhängig davon, ob ihre Filme kurz oder lang sind, geht es ihnen in erster Linie darum, eine enge Bindung zu ihren Zuschauern aufzubauen. YouTuber nutzen die Möglichkeiten der Plattform, um direkt mit dem Publikum zu sprechen und gleichzeitig ein positives Image zu pflegen. Sie stellen nicht nur ihre Persönlichkeit zur Schau, sondern zeigen auch, wie stolz sie auf die kleinen Eigenheiten sind, die sie vom Rest der Welt abheben. Berühmtheiten im herkömmlichen Sinne wollen makellos erscheinen. YouTuber streben danach, in ihren Fehlern perfekt zu erscheinen.

Die Zuschauer vertrauen beliebten YouTubern bei Lebens-, Stil- und anderen Ratschlägen, weil sie so ehrlich sind. Die Aufrichtigkeit der YouTube-Persönlichkeiten ist auf ihrer Seite. Sie können völlig frei entscheiden, was sie posten und wann sie es posten, ohne dass eine externe Genehmigung erforderlich wäre. Wenn sie etwas sagen, dann sagen sie es selbst und nicht ein PR-Mann oder ein Paparazzi. Sieben von zehn YouTube-Abonnenten glauben, dass YouTube-Schöpfer die Kultur beeinflussen und gestalten, und sechs von zehn würden eher auf die Kaufempfehlungen ihrer Lieblingsschöpfer hören als auf die ihres Lieblings-TV- oder Filmstars (O'Neil-Hart & Blumenstein, Why YouTube). Das soll nicht heißen, dass traditionelle Prominente gemieden werden sollten; es bedeutet nur, dass wir YouTube und andere beliebte Influencer-Plattformen ernster nehmen sollten. Zoella, ein prominenter Beauty-Guru mit 11 Millionen Followern, veröffentlichte am 6. März 2016 ein Video mit dem Titel "February Favorites 2016", in dem sie einfach die Produkte auflistet, die ihr im Februar gefallen haben. Zu den Produkten, die sie auflistete, gehörten das Knock Dream Journal, Divines Ol Shampoo & Conditioner und Sophie Kinsellas Roman "Finding Audrey". Die Google-Suchanfragen nach diesen Produkten stiegen innerhalb weniger Minuten nach dem Hochladen des Videos, und das Knock Dream Journal war bald ausverkauft. Authentizität verkauft sich nicht immer, aber auf YouTube schon.

Kapitel no.5

Mehr Ansichten auf YouTube kostenlos.

Die Antwort ist ja. Wenn es um Werbung, Aufklärung und Unterhaltung geht, steht YouTube nach Google an zweiter Stelle, was die Popularität angeht. Mehr als 22 Milliarden Menschen besuchen YouTube jeden Monat, mit einer durchschnittlichen Verweildauer von etwa 40 Minuten. Sehr viele Menschen nutzen YouTube. Genauso wie Einzelpersonen begonnen haben, Geld für die Werbung für ihre Videos auf YouTube zu bezahlen, haben die Menschen begonnen, Geld für mehr Aufrufe ihrer YouTube-Videos zu bezahlen. Die Leute kaufen YouTube-Aufrufe in der Hoffnung, die YouTube-Algorithmen zu täuschen oder die Zuschauer davon zu überzeugen, dass sie ihr Video auch sehen sollten, weil so viele andere es gesehen haben. Es gibt einige Probleme mit dieser Strategie:

- Die Bot-Erkennungsfunktionen von YouTube werden ständig verbessert.
- Anstatt die Aufrufe zu zählen, konzentrieren sich die Algorithmen auf die Nutzeraktivität.
- Das kann kostspielig sein.

Es ist nicht ganz einfach, Ihre YouTube-Aufrufe kostenlos zu steigern, aber wenn Sie es richtig machen, werden Sie mit mehr Aufrufen und einer verbesserten Nutzererfahrung belohnt und haben die Möglichkeit, Ihre

Inhalte zu erweitern. Das Netzwerk hat die Macht, Milliarden von Menschen zu erreichen, ganz gleich, ob Sie Rezepte teilen, den Leuten beibringen, wie man Moppelchen-Origami macht, oder sich über Präsidenten lustig machen. Wie können Sie also Ihre YouTube-Zugriffe erhöhen und mehr Menschen dazu bringen, sich Ihre Videos anzusehen? Hier sind 30 Vorschläge, die Ihnen genau dabei helfen.

Erhalten Sie Ansichten aus den organischen Suchergebnissen von YouTube.

YouTube verwendet seine Algorithmen, um den Verbrauchern die besten und relevantesten Videos zu präsentieren, ähnlich wie die Algorithmen für die Suchergebnisse von Google. Stellen Sie sich vor, eine blinde Person hätte die Aufgabe, Inhalte zu kategorisieren und zu entscheiden, welche Inhalte die besten sind. Scheint das schwierig zu sein? Glücklicherweise berücksichtigt der Algorithmus von YouTube eine Vielzahl von Faktoren, wenn er entscheidet, welche Videos die besten sind und in den Suchergebnissen ganz oben erscheinen sollen.

- **Beschreibende und schlagwortreiche Titel verwenden.**

Die Recherche nach Schlüsselwörtern könnte sich hier als nützlich erweisen. Ein gut geschriebener und überzeugender Titel liefert nicht nur Schlüsselwörter, die der Algorithmus verwenden kann, sondern lockt auch die Zuschauer an und informiert sie über den Inhalt des Videos. Sie können bewährte SEO-Methoden wie einen Keyword-Planer oder andere Keyword-Tools für die Keyword-Recherche verwenden.

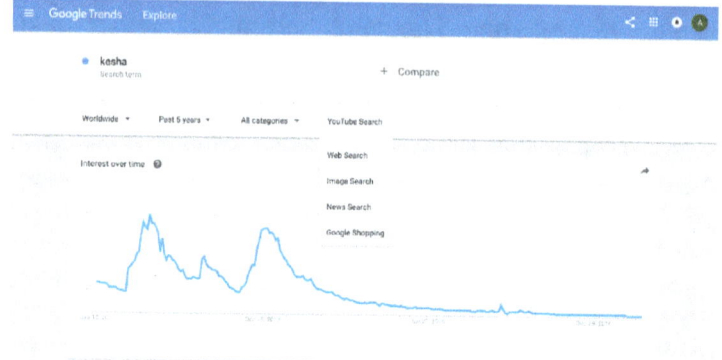

Gehen Sie zum Schlüsselwortplaner und wählen Sie ganz rechts die YouTube-Suche aus, um zu sehen, wie beliebt ein Schlüsselwort auf YouTube ist. Indem Sie Verbrauchern und Suchmaschinen mitteilen, worum es in Ihrem Video geht, können Sie durch die Optimierung Ihrer Videoinhalte für die richtigen Schlüsselwörter organische Aufrufe erzielen.

- **Qualitativ hochwertige und schlagwortreiche Beschreibungen haben.**

Durch die Beschreibung des Videos können Sie Suchmaschinen und Betrachter besser über Ihr Video aufklären. Die Klickrate Ihres Videos und damit die Anzahl der Aufrufe wird steigen, da die Nutzer wissen, was sie zu erwarten haben. Versuchen Sie, sich abzuheben und gleichzeitig allgemein zu bleiben. Sie wollen die Neugier der Nutzer wecken und gleichzeitig versuchen, für Kurzschlussbegriffe zu ranken. Verwenden Sie Ihre Beschreibungen, um die Nutzer über den Falz zu locken, und optimieren Sie sie für die YouTube-Suchmaschine wie eine herkömmliche SEO-Metabeschreibung.

- **Tags verwenden.**

    Video-Tags auf YouTube helfen den Zuschauern und dem System zu verstehen, worum es in Ihrem Video geht und was sie erwarten können, wenn sie es ansehen. Sie sollten zusammen mit der Beschreibung und dem Titel Ihres Films das Wesentliche zum Ausdruck bringen. Bewerten Sie den Wert von Long-Tail-SEO neu.

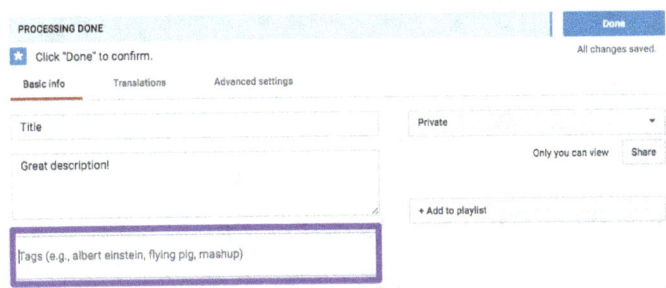

    Wenn Sie Hilfe bei den Schlüsselwörtern benötigen, verwenden Sie den Keyword-Planer, wie bereits erwähnt.

- **Optimieren Sie Ihr Thumbnail-Bild.**

    Ob auf der organischen Ergebnisseite, im Bereich der vorgeschlagenen Videos oder in den sozialen Medien - Ihr Vorschaubild kann wie ein Heldenbild Wunder bewirken, wenn es darum geht, Ihre YouTube-Aufrufe zu steigern. Verwenden Sie hochauflösende Grafiken mit gut lesbaren und spannenden Schriftarten sowie Nahaufnahmen von Gesichtern, wenn Ihr Video diese enthält.

Game Of Thrones Season 7 Trailer 2 - Behind The Scenes Breakdown
Emergency Awesome
2 days ago • 388,562 views
Game Of Thrones Season 7 Trailer 2, Jon Snow and Daenerys Targaryen Behind The Scenes, Sansa, Arya Stark, Cersei ...
NEW CC

Game of Thrones SEASON 7 TRAILER Full Breakdown
New Rockstars
1 week ago • 1,135,885 views
Game of Thrones Season 7 Trailer gets a Full Breakdown! Game of Thrones Easter Eggs and Season 7 Trailer Details You ...
CC

Um die Anzahl der Videoaufrufe zu erhöhen, sollte die Miniaturansicht visuell mit dem Titel und der Beschreibung übereinstimmen.

- **Erstellen von Transkripten für Ihre Videos.**

Die Fähigkeit von Untertiteln oder Transkripten Ihrer Videos, Ihre YouTube-Bewertung zu verbessern, wird heiß diskutiert. Andererseits können Untertitel helfen, die YouTube-Aufrufe zu erhöhen, indem sie ein internationales Publikum und Behinderte ansprechen. Eine gute Platzierung in den organischen Ergebnissen von YouTube kann die Anzahl der Aufrufe drastisch erhöhen und eine langfristige Traffic-Quelle darstellen. Der Kauf von YouTube-Aufrufen kann einen sofortigen Anstieg der Aufrufe bewirken. Dennoch ist dies keine geeignete langfristige Lösung, da die Algorithmen von YouTube die Verhaltensanalyse als wichtigeres Kriterium für das Ranking ansehen.

Steigern Sie die Anzahl der Aufrufe mit Ihren Videoinhalten.

Der wichtigste Aspekt, der bestimmt, wie viele Aufrufe Ihr Video erhält, ist der Inhalt. Gute Inhalte führen zu einer verbesserten Verhaltensanalyse, die vom YouTube-Algorithmus erkannt wird und Ihr Video mit einer höheren Platzierung in der organischen Suche belohnt.

- **Inhalte, die lehrreich oder unterhaltsam oder beides sind.**

Ganz gleich, ob Sie den Menschen etwas beibringen oder sie einfach nur beschäftigen und unterhalten wollen, Ihre Videoinhalte sollten dem Publikum einen Mehrwert bieten. Wenn die Nutzer Ihre Inhalte nützlich finden, werden sie wiederkommen und die Anzahl der Aufrufe Ihrer zukünftigen Videoinhalte erhöhen.

- **Huckepack auf virale Trends.**

Erstellen Sie Videoinhalte, die auf bereits populäre virale Trends zurückgreifen. Sie sollten sich das dem Markt innewohnende Verlangen zunutze machen, Material im Zusammenhang mit einem viralen Phänomen zu untersuchen. Alle YouTube-Videos, die als Reaktion auf das Public-Relations-Desaster von United Airlines erstellt wurden, sind ein gutes Beispiel.

Es ist nicht immer einfach oder praktikabel, Ihr Videomaterial mit aktuellen Ereignissen in Verbindung zu bringen. Wenn Sie jedoch einen cleveren Weg finden, können Sie Ihre YouTube-Aufrufe mit der Unterstützung eines hungrigen Publikums, das nach mehr trendigen kontextbezogenen Inhalten giert, steigern.

- **Verwendung von Gast-YouTubern.**

Gast-YouTuber, Branchen-Influencer oder bedeutende Personen mit ihrer Fangemeinde können Wunder bewirken, wenn es darum geht, Ihre Aufrufe zu erhöhen, ähnlich wie bei Gastbeiträgen für Blogartikel. Gast-YouTuber können Ihre Verbraucher mit bekannten Branchennamen in Versuchung führen und eine eindeutige und einzigartige Perspektive in den Bereich Ihres Unternehmens einbringen, ähnlich wie beim Influencer-Marketing. Sie können eine für beide Seiten vorteilhafte Beziehung aufbauen, indem Sie Links zu einem ihrer Filme oder einer ihrer Websites in Ihre Beschreibung aufnehmen.

Generierung von Ansichten auf der YouTube-Plattform.

Das Ziel von YouTube ist es, die Nutzer auf der Plattform zu halten. Menschen, die sich Filme ansehen, generieren über Werbung eine Menge Einnahmen für diese Unternehmen. Aus diesem Grund gibt es mehrere Möglichkeiten, auf der Plattform aktiv zu bleiben, um die Zahl der Abonnenten und Videoaufrufe zu erhöhen.

- **Erstellen Sie Videoinhalte, die Ihr Bestes imitieren.**

"Gute Künstler borgen, große Künstler stehlen", soll Picasso gesagt haben. Ich würde zwar nie für das Kopieren in irgendeiner Form plädieren, aber Picassos Argument über erfolgreiche YouTube-Videos klingt völlig richtig. Der Bereich "Vorgeschlagene Videos", der in der Seitenleiste und in einem Raster angezeigt wird, sobald ein Video fertiggestellt ist, könnte eine Goldgrube sein, um Ihre Aufrufe zu erhöhen.

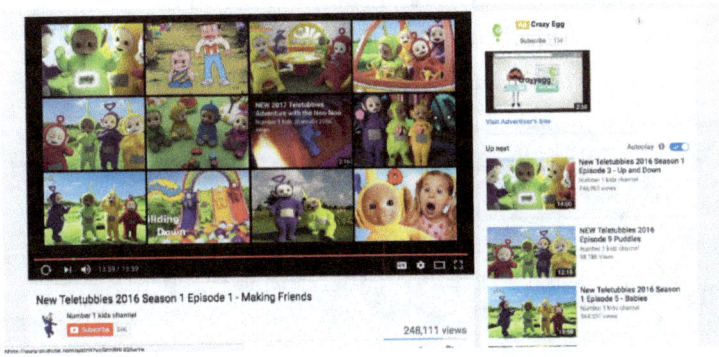

Das Video, das ein Nutzer gerade angesehen hat, hat möglicherweise weniger mit der ursprünglichen Suchanfrage zu tun, die er eingegeben hat, als vielmehr mit der Relevanz des Videos, das der Nutzer gerade gesehen hat. Dies ist ähnlich wie die Algorithmen von YouTube für organische Ergebnisse. Folglich ist der Inhalt, der am Ende eines angesehenen Videos angezeigt wird, vergleichbar mit dem, was gerade gesehen wurde. Indem Sie Ihr Video mit anderen beliebten Videos vergleichen, können Sie die Anzahl der Personen, die Ihren YouTube-Kanal und Ihr Video ansehen, erhöhen. Sie können ähnliche Schlüsselwörter und Beschreibungen verwenden, um Videoinhalte zu erstellen, die dasselbe Thema in einem ansprechenderen Ton oder mit mehr Informationen in einer leichter zu verstehenden Weise behandeln.

- **Karten verwenden.**

Sie können diese YouTube-Optimierungsfunktionen nutzen, um zusätzliche Inhalte in Ihrem Video zu bewerben. Sie können Karten verwenden, um:

- Werbung für andere Videoinhalte
- Abonnenten des Kanals erhöhen
- an gemeinnützige Organisationen spenden
- Besucher auf Ihre Website lenken - Besucher dazu ermutigen, an einer Umfrage teilzunehmen.

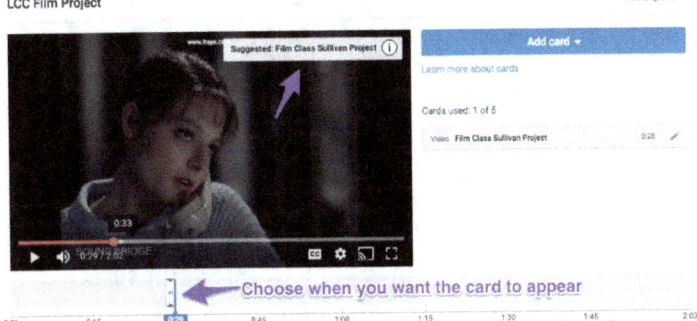

Wenn Sie die Anzahl der Aufrufe Ihrer Videos erhöhen möchten, sollten Sie diese Karten nutzen, um Nutzer dazu zu bewegen, sich Ihre weniger beliebten Inhalte anzusehen und Ihren Kanal zu abonnieren. Nutzen Sie Ihre Verhaltensanalyse, um festzustellen, wann Nutzer Ihr Video nicht mehr ansehen, und verwenden Sie dann die Karte, um sicherzustellen, dass mehr Menschen es sehen.

Die YouTube-Verhaltensanalyse liefert dir viele wertvolle Daten und Statistiken, die dir helfen, bessere Entscheidungen zu treffen, um mehr Aufrufe für deine Videos zu erhalten.

- **Endbildschirme erstellen.**

Endbildschirme haben die besondere Fähigkeit, nach Ihrem Film ein bisschen von allem zu tun. Es ist eine Gelegenheit, alle notwendigen Informationen über Ihren

Kanal, andere Wiedergabelisten, empfohlene Videos und Ihre verifizierte Website an Nutzer weiterzugeben, die Ihr Material schätzen. Beide Optimierungswerkzeuge verbessern direkt oder indirekt Ihre YouTube-Aufrufe, sei es, dass Sie mehr Abonnenten gewinnen oder auf Ihre anderen Videos verlinken. Gehen Sie zu Ihrem Video-Manager, bearbeiten Sie das Video, dem Sie Endscreens hinzufügen möchten, und wählen Sie Endscreens & Anmerkungen. Von dort aus können Sie die anderen Funktionen hinzufügen. Endbildschirme sind eine hervorragende Methode, um für Ihr Material zu werben, bevor die Algorithmen von YouTube die Besucher von Ihrem Kanal und Ihren Videos abziehen, indem sie andere beliebte Videos empfehlen.

- **Werben Sie für ein Marquee Video.**

Ein Highlight-Video auf YouTube kann dabei helfen, Ihre anderen Videos und Ihren YouTube-Kanal zu bewerben. Ein hervorragender Anhaltspunkt ist, wenn Ihr Video mindestens 5.000 Aufrufe hat, damit es aufgrund seiner bereits vorhandenen Popularität in mehr Suchergebnissen erscheint. Wie bereits erwähnt, können Sie Karten, Endbildschirme und andere Links zu Ihrem anderen Videomaterial in Ihr Quotenvideo einbauen. Ähnlich wie bei der internen Verlinkung auf Websites können Ihre Spitzenvideos dazu beitragen, den Traffic und die Aufrufe Ihrer weniger bekannten Videos und Ihres Kanals im Allgemeinen zu erhöhen.

- **Verwenden Sie Autoplay für Ihre eingebetteten Videos.**

Wenn ein Video eingebettet wird, beginnt Autoplay automatisch mit dessen Wiedergabe. Dabei sollten Sie vorsichtig sein, denn die automatische Wiedergabe von Filmen kann manche Leute irritieren. Wenn das Videomaterial lehrreich ist, kann es eine gute Idee sein, es zu verwenden, da die Zuschauer direkt in das Video einsteigen können, in dem erklärt wird, wie man etwas erreicht. Sie können auch eine Wiedergabeliste zum Abspielen einstellen, indem Sie sie mit demselben Code automatisch einbetten.

- **Wiedergabelisten erstellen.**

Erstellen Sie Wiedergabelisten für Ihre Videos, damit die Besucher sie der Reihe nach ansehen können. Nachdem das erste Video abgespielt wurde, werden Ihre anderen Videos automatisch abgespielt, was zu mehr Aufrufen für jedes abgespielte Video führt, ohne dass der Betrachter den Player verlassen muss. Um die Gesamtzahl der Aufrufe für jede Wiedergabeliste zu erhöhen, können Sie sie einbetten, auf Ihren Kanal hochladen oder die Nutzer dazu auffordern, sie zu teilen. Gestalten Sie jede Wiedergabeliste einzigartig, und die Reihenfolge, in der sie abgespielt werden, sollte ihnen einen Fluss und Relevanz verleihen. Diese Wiedergabelisten sind ideal für informative oder unterhaltsame Inhalte, die eine Geschichte erzählen oder aufzeigen, wie mehrere Teile ein Ganzes bilden.

- **Seien Sie in Ihrer Nischengemeinschaft präsent.**

Ein aktiver Teil Ihrer Fachgruppe zu sein ist eine Sache, aber sich als Experte für Ihre Filme zu präsentieren, ist eine andere. Kommentieren Sie andere Videos und bieten Sie Ratschläge oder Feedback an, und wenn in einem Video wichtige Informationen fehlen, verlinken Sie es mit Ihren Inhalten, um sie mit weiteren Details zu versorgen. Wenn Sie sich bemühen, so hilfreich wie möglich zu sein, werden Sie mit zusätzlichen Nutzern belohnt, die Ihnen helfen, Ihre Abonnentenbasis und letztlich Ihre Videoaufrufe zu erhöhen.

Off-Page-Ansichtsverstärker.

Das Besondere an YouTube ist, dass es auf einer Vielzahl von Social-Media-Plattformen zu finden ist. Mit nur wenigen Klicks kann es eingebettet und verbreitet werden, manchmal sogar viral. Hier sind einige Strategien außerhalb von YouTube, mit denen Sie Ihre YouTube-Aufrufe erhöhen können.

- **Erhöhen Sie das SEO-Ranking Ihres Videos.**

Traditionelle Suchmaschinenoptimierung ist ebenfalls eine mögliche Option, um die Anzahl der YouTube-Aufrufe zu erhöhen, da Videos in den Suchmaschinen einen höheren Rang einnehmen können als die Website, auf der sie angezeigt werden. Backlinks von Videoeinbettungen werden als Backlinks gezählt, und in diesem Fall führen die Links zu dem YouTube-Video, was dessen SEO-Ranking erhöht. Mit einem guten SERP-Ranking können Sie den Traffic auf Ihr Video verdoppeln und die Zahl der Zuschauer verdoppeln.

- **Posten Sie Links zu Ihren Videos auf Ihren Profilen.**

Plattformübergreifende Werbung, insbesondere auf YouTube, kann dazu beitragen, dass mehr Besucher auf Ihre Website kommen. Sie können Ihr gesamtes Publikum erreichen und es zu Ihrem Video führen, indem Sie Links auf anderen Profilen teilen. Um die Anzahl der Aufrufe zu erhöhen, teilen Sie den Link in einem Beitrag oder fügen Sie ihn in die Beschreibung Ihrer Profile ein. Indem Sie über Ihre Social-Media-Profile Besucher zu YouTube leiten, gewinnen Sie außerdem die Gunst der Algorithmen, indem Sie die Quelle einer großen Anzahl von Sitzungsanfängen werden, d. h. von Sitzungen, die mit bestimmten Videos auf der Plattform beginnen. Sitzungen, die mit Ihrem Video beginnen, zeigen, dass Ihr Video Besucher auf YouTube anlockt, was zu einer höheren organischen Bewertung und mehr Auftritten in den vorgeschlagenen Bereichen führt.

- **Finden Sie Nischengemeinschaften, um Ihr Video zu teilen.**

Sie können Ihre Inhalte auf verschiedene Weise verbreiten. Verschiedene Reddit- oder Quora-Subreddits mit Themen, die für die Interessen und die Zielgruppe Ihres Videos relevant sind, sind hervorragende Orte, um Ihr Material zu verbreiten. In Subreddits wie /r/GetMoreViewsYT geht es auch einfach darum, Ihr Video mit YouTube-Liebhabern zu teilen, um die Anzahl der Aufrufe zu erhöhen. Die Leute posten Videos in diesem Subreddit und stimmen darüber ab, welche Videos ihnen am besten gefallen. In der nächsten Woche wird der Gewinner oben im Subreddit angezeigt, damit die Leute ihn besuchen und ansehen können. StumbleUpon und Pinterest sind zwei weitere Social-Bookmarking-Websites, die Sie nutzen können, um Ihre Filme zu bewerben.

- **Finden Sie Influencer, die für Ihr Video werben.**

Influencer-Marketing wird für namhafte Unternehmen schnell zu einer beliebten Methode, um ihre Zielkunden zu erreichen. Sie haben ein festes Publikum, das ihre Inhalte teilt und bewirbt, was zu einem viralen Anstieg der Aufrufe führt. Social Media hilft Ihnen dabei, Influencer in Ihrem Bereich zu finden und sie zu kontaktieren, um Ihre Videoinhalte zu bewerben. Da die Zuschauer diesen Influencern bereits folgen und sich mit den Inhalten beschäftigen, die sie regelmäßig veröffentlichen, kann ein einziges Teilen Ihres Videos zu vielen Aufrufen für Ihr YouTube-Video und Ihren Kanal führen.

- **Video einbetten Abonnement.**

Das Einbetten Ihres Videos erhöht zwar die Anzahl der Aufrufe, aber das Einfügen einer Schaltfläche zum Abonnieren Ihres Kanals ist auf lange Sicht von großem Vorteil. Abonnenten machen fast die Hälfte der

Videoaufrufe aus; daher wird die Erweiterung Ihrer Abonnentenbasis die Videoaufrufe erheblich steigern. Befolgen Sie diese YouTube-Anleitung, um das Abonnenten-Widget zu installieren und es auf Seiten zu verwenden, in die Ihr Video eingebettet ist.

- **Beitrag über Werbegeschenke und Werbeaktionen.**

Ein hervorragendes Werbegeschenk ist etwas, das allen Spaß macht. Wenn Sie in den sozialen Medien über eine Werbeaktion, ein Werbegeschenk oder ein Gewinnspiel berichten, werden die Nutzer auf die YouTube-Seite des Videos weitergeleitet. Teilen Sie Ihren Followern mit, dass der Link zum Mitmachen in der Videobeschreibung enthalten ist. Das wird die Anzahl der Aufrufe erhöhen.

Denken Sie daran, geduldig zu sein.

Es dauert seine Zeit, bis man viele Aufrufe auf YouTube erhält. Die Plattform verfügt über eine Reihe von Kontrollmechanismen, die sicherstellen, dass den Zuschauern jederzeit hochwertiges Videomaterial zur Verfügung steht. Bauen Sie einen aktiven

Abonnentenstamm auf, und dieser wird für die meisten Ihrer Aufrufe verantwortlich sein.

Kapitel no. 6

Der Einfluss von YouTube auf unsere Gesellschaft.

YouTube, eine Website zur gemeinsamen Nutzung von Videos, hat einen weitaus größeren Einfluss auf unsere Kultur, als wir uns vorstellen können. YouTube wurde am 14. Februar 2005 gegründet und hat seither unsere Gesellschaft stark beeinflusst. Schauen Sie sich ein YouTube-Video an, weil der Titel ansprechend ist oder weil es lustig ist? Letzteres ist wahrscheinlich nicht verwunderlich, wenn man bedenkt, wie weit verbreitet es in unserer Gesellschaft ist, sich gegenseitig zu unterhalten, indem man Filme, Bilder oder andere Medien mit Freunden und Familie teilt. Obwohl einige YouTube-Videos zu Spaßzwecken erstellt werden, enthalten viele Videos Anleitungen für Menschen, die Hilfe bei verschiedenen Beauty-Anleitungen suchen. Berühmte Schönheitsgurus wie Zoella, Bethany Mota, Rclbeauty101 und Meredith Foster teilen Routinen, Ausbeuten, monatliche Favoriten, DIYs, Erwartungen vs. Realität, Garderobenvorschläge und Make-up-/Haar-Tutorials mit einem Schwerpunkt auf weiblichen Teenagern.

Künstler und Bands mit einem YouTube-Konto, insbesondere auf Vevo, spielen in der heutigen Gesellschaft eine wichtige Rolle, indem sie neue Singles oder Alben auf ihren Konten veröffentlichen und so Follower und Ansehen gewinnen. Unentdeckte Sängerinnen und Sänger erlangen häufig Aufmerksamkeit auf YouTube, indem sie ihre Interpretationen beliebter Songs veröffentlichen, was zu Kommentaren und vielleicht zu einem Scouting führt. Justin Bieber, Carly Rae Jepsen und Cody Simpson sind drei Sänger, die auf YouTube begonnen haben und entdeckt wurden. Ein Talentscout entdeckte Justin Bieber und vermittelte ihm ein Treffen mit Usher. Justin Bieber unterstützte Carly Rae Jepsens Single "Call Me Maybe", nachdem er an seine über 18 Millionen Follower getwittert hatte: "Call Me Maybe von Carly Rae Jepsen ist der eingängigste Song, den ich je gehört habe. Lol." Shawn Campbell, ein Plattenproduzent, entdeckte Cody Simpson, als er 12 Jahre alt war, und nahm ihn bei Atlantic Records unter Vertrag. Der Einfluss von YouTube in den Vereinigten Staaten hat es den Nutzern ermöglicht, Songcover oder Originalinhalte in ihre Videos hochzuladen, in der Hoffnung, von den Unternehmen wahrgenommen zu werden.

Viele Youtuber haben einfach ein Video auf ihren Kanal hochgeladen, ohne sich Gedanken darüber zu machen, wie viele Aufrufe und Abonnenten sie erhalten werden. YouTube beeinflusst die USA durch die Übertragung von Präsidentschaftswahlen, Politik, Werbespots und aktuellen Ereignissen. Viele YouTuber veröffentlichen Videos mit unterhaltsamen und überflüssigen Vorschaubildern, um die Aufmerksamkeit der Zuschauer zu erregen, was zu einer falschen Vorstellung vom eigentlichen Video führt. Die öffentliche Ausstrahlung von Videos zu Themen im Zusammenhang mit globalen Nachrichten, wie Schießereien, Debatten und politischen Kampagnen, kann sich positiv oder negativ auf die Zuschauer auswirken. Während einige Zuschauer positiv auf die Nachrichten reagieren und das Thema des

Videos zu schätzen wissen, reagieren andere negativ, indem sie überflüssige und sinnlose Kommentare abgeben, die sich möglicherweise gegen die Personen im Video richten und in einem Cyberstreit enden. Einige Videos über politische Kampagnen und Debatten können für die Betrachter irreführend sein, wenn der Hochladende nicht das gesamte Thema darstellt und nur seine Seite verteidigt, was zu einem kleinen Video führt. Voreingenommene Videos zeigen den schädlichen Einfluss von YouTube auf unsere Gesellschaft, indem sie sich auf das konzentrieren, was die Öffentlichkeit sehen will, und nicht auf das größte und dringendste Problem. Der Einfluss von YouTube auf unsere Gesellschaft kann aufgrund der Vielfalt der YouTube-Videos positive oder negative Auswirkungen haben. Viele YouTuber veröffentlichen Videos, in denen sie ihre Meinung zu aktuellen Ereignissen oder Themen äußern. Unabhängig davon, ob es sich um ein positives oder negatives Thema handelt, werden die Zuschauer höchstwahrscheinlich beeinflusst, wenn sie dem Inhalt des Videos glauben und zustimmen. Auch wenn einige YouTube-Videos nicht darauf abzielen, die Zuschauer zu überzeugen oder zu unterhalten, ist die überwiegende Mehrheit von ihnen.

Die hervorragende oder schädliche Wirkung von YouTube:

Wenn Sie dies lesen, haben Sie wahrscheinlich schon einige Zeit auf YouTube verbracht. Von Anleitungsvideos bis hin zu politischer Werbung gibt es auf der Website fast jedes erdenkliche Video. Die verschiedenen Filme, die von unterschiedlichen Gruppen auf YouTube eingestellt wurden, zeigen den Einfluss von YouTube auf die Kommunikation. Daher ist es wichtig, sich Gedanken darüber zu machen, ob die Medienmacht von YouTube dem Allgemeinwohl dient oder die Fähigkeit der Gesellschaft, nachrichtendienstliche Informationen auszutauschen, behindert. Einem Bericht von Helium.com zufolge ist YouTube für jedermann zugänglich und ermöglicht das Hochladen von so gut wie allem. Je nach den Umständen kann die Erfahrung entweder günstig oder ungünstig sein. So gibt es zum Beispiel eine Reihe von politischen Werbungen auf YouTube, die sich mit aktuellen Themen befassen und die Zuschauer zu Kommentaren auffordern und eine kreative Debatte entfachen, die unangenehm sein kann. Andererseits sollten diese Bedenken die Nutzer nicht davon abhalten, sich über die Website und die Art und Weise, wie das Videomaterial an die Zuschauer verteilt wird, auszutauschen.

Nach Angaben des Pew Journalism Research Center haben etwa 21 % der YouTube-Videos einen Bezug zur Politik. Politik ist ein beliebtes Thema, da es Raum für Debatten und Diskussionen bietet. Das Konzept, mitzuteilen, was einen interessiert, ist neu und kann von vielen Menschen nachvollzogen werden. Die NutzerInnen teilen auch, was sie auf YouTube sehen, was zu einem Mash-up von Videos führt, die über verschiedene soziale

Medienplattformen verbreitet werden. Bei diesem Ansatz wird YouTube als nützliches Medium für den Austausch von Ideen und den Aufbau von Online-Gemeinschaften auf der Grundlage gemeinsamer Interessen betrachtet. Einige Nachteile könnten einige Leute dazu bewegen, die Videos, die sie auf YouTube sehen, nicht mit anderen zu teilen. In einem Artikel auf Teen Ink heißt es jedoch, dass so viel freie Meinungsäußerung zu Kontroversen führen könnte, da einige Leute Filme nutzen, um gegen bestimmte Personengruppen zu protestieren. Dies wird als negative Folge angesehen, da es zu Urheberrechtsverletzungen und Zensur führen kann. Infolgedessen ist eine Diskussion darüber entbrannt, wie bestimmte Filme auf YouTube gefiltert werden sollten. Laut einer Untersuchung im Journal of Electronic Publishing müssen die Nutzer trotz dieser Herausforderungen weiterhin Videoinhalte teilen und verbreiten.

Die eigene Sichtweise kann einen erheblichen Einfluss darauf haben, wie man YouTube interpretiert. Diejenigen, die YouTube als eine Plattform zum Teilen und Anschauen einer breiten Palette von Videos zu verschiedenen Themen betrachten, schätzen den medialen Einfluss, den es bietet. Andere hingegen sind der Meinung, dass YouTube reguliert werden sollte, um seine Integrität zu schützen. Es ist einfach ein falscher Gedanke in den Köpfen derjenigen, die ihn äußern; er ist nicht von Natur aus schädlich. Um besser zu verstehen, wie YouTube die Medien beeinflusst, sollte man sich überlegen, wie die Menschen das, was sie auf YouTube lernen oder sehen, weitergeben.

Kapitel no.7

Bewerben Sie Ihren YouTube-Kanal für mehr Aufrufe.

Wenn Sie auf YouTube gesehen werden wollen, sollten Sie so viele Werbestrategien wie möglich anwenden. Im Folgenden werden wir jede dieser Strategien zur Förderung deines YouTube-Kanals und zur Steigerung deiner Popularität eingehend untersuchen. Diese Techniken sind alle geeignet, egal ob du gerade erst anfängst oder deine Zahlen noch weiter steigern möchtest.

Erhöhen Sie die Effektivität Ihrer YouTube-Strategie.

Um Ihre Bemühungen mit diesen Anleitungen zu maximieren, zusätzlich zu den 16 Ideen unten, stellen Sie sicher, dass Sie in Sachen YouTube auf dem Laufenden sind:

- Starten Sie einen YouTube-Kanal für Ihr Unternehmen und erleichtern Sie die Verwaltung und den Ausbau des Kanals.
- Damit Ihre Videos auffallen und leicht auf YouTube gefunden werden, ist es wichtig, aussagekräftige Beschreibungen zu verfassen.
- SEO für YouTube - Wie Sie Ihre Videos besser platzieren - In den letzten Jahren hat sich YouTube zu einer der beliebtesten Suchmaschinen der Welt entwickelt. Wenn du diese Regeln befolgst, kannst du

sicherstellen, dass du die Bedürfnisse deines Publikums erfüllst.
- Wie man die YouTube-Aufrufe mit Hashtags steigert - Stellen Sie sicher, dass Sie verstehen, wie Hashtags auf YouTube verwendet werden, damit Sie mehr Aufrufe erhalten.
- Wie Sie YouTube-Analysen nutzen, um die Leistung Ihrer Videos zu verbessern - Stellen Sie sicher, dass alle Ihre Bemühungen erfolgreich sind, und identifizieren Sie Bereiche, in denen Sie sich mithilfe guter Analysen verbessern können.

Tipps zur Förderung Ihres YouTube-Kanals.

Erstellen Sie fesselnde Titel, die man gesehen haben muss.

Wenn es um YouTube-Marketing geht, ist die Präsentation alles. Wenn es um den Erfolg Ihres Videos geht, sind die Titel entscheidend. Ihr Material sollte als "must-see" oder "meh" angesehen werden. Ihr Titel ist das Erste, was ein Leser sieht, also ist es wichtig, seine Aufmerksamkeit zu erregen, ohne auf Clickbait zurückzugreifen. Ihr Publikum will von Anfang an wissen, worum es in Ihrem Film geht. Nehmen Sie sich ein Beispiel an BuzzFeed und What Culture, zwei der größten Namen auf YouTube. Aufzählungen, auf Fragen basierende Titel oder Übertreibungen sind gängige Methoden, um mehr Menschen dazu zu bringen, sich diese Filme anzusehen ("verrückt", "...aller Zeiten"). Eines der besten Beispiele dafür sind die Workout-Videos von Athena X. Das Programm des Kanals schafft es, relevante Schlüsselwörter in seine Namen einzubauen und gleichzeitig unterhaltsam zu wirken. Die Botschaft hier ist, dass man über ansprechende Titel nachdenken sollte, anstatt sich an den ersten Begriff zu halten, der einem in den Sinn kommt.

Laut Tubular Insights sollten die Namen von YouTube-Videos zwischen 41 und 70 Zeichen lang sein. Für einen ansprechenden Titel empfehlen Unternehmen wie der Headline-Analyzer von CoSchedule eine Länge von 55 Zeichen. Das Tool von CoSchedule ist zwar nicht ausschließlich für Videotitel gedacht, aber es eignet sich hervorragend, um YouTube-freundliche Namen zu finden, die bei der Vermarktung Ihres Kanals helfen.

Machen Sie Ihre Filme besser sichtbar, indem Sie sie optimieren.

Hier sind einige Ideen zum Nachdenken: 70 Prozent der ersten 100 Google-Suchergebnisse enthalten YouTube-Videos. Sehen Sie es sich selbst an. Google findet alles von YouTube für jedes beliebige Produkt oder jede "How-to"-Anfrage. Die Suchmaschine YouTube ist die zweitgrößte der Welt. Wenn es um die Suche nach Dingen und die

Lösung von Problemen geht, nutzen die Menschen YouTube genauso häufig wie Google. Sie sollten Ihre YouTube-Videos wie jeden anderen Inhalt behandeln, der für Schlüsselwörter oder Tags optimiert werden muss. Einige empfohlene Praktiken können Ihre Chancen auf eine gute Platzierung auf YouTube erhöhen:

- Fügen Sie immer relevante Schlüsselwörter in Titel und Beschreibungen ein. Mit einem Tool wie Keywordtool.io können Sie Ideen für Schlüsselwörter finden.
- Um YouTube dabei zu helfen, besser zu verstehen, worum es in Ihrem Video geht, sollten Sie Ihre Ziel-Keywords in Ihr Video aufnehmen. Brian Dean von Backlink empfiehlt dies.
- Um Videos in seinen Suchergebnissen zu platzieren, berücksichtigt YouTube die Interaktion der Nutzer (z. B. die Anzahl der "Likes", "Kommentare" und "Aufrufe").
- Um YouTube dabei zu helfen, herauszufinden, wem Ihre Filme präsentiert werden sollten, verwenden Sie Kategorien.
- Neben den Kategorien können Sie auch Tags in Ihre Videos einfügen, um weitere Informationen über Ihre Arbeit auf YouTube zu erhalten. Fügen Sie so viele Tags hinzu, dass Sie die zulässige Anzahl an Tags nicht überschreiten.

Verwenden Sie keine Schlüsselwörter, genauso wenig wie Sie es bei der Suchmaschinenoptimierung Ihrer Website tun würden. Verwenden Sie Schlüsselwörter nur, wenn sie sinnvoll sind, und nicht nur, um sie zu haben.

Bestimmen Sie, was Ihre Zielgruppe wünscht.

Jede Form von Material, das Sie veröffentlichen, sollte den Erwartungen Ihres Publikums entsprechen. Bevor Sie einen Blogbeitrag verfassen oder ein Video drehen, sollten Sie sich über Ihre Zielgruppe und die Art von Inhalten informieren, die sie mag.

Wenn Sie gerade erst anfangen, für Ihren YouTube-Kanal zu werben, werfen Sie einen Blick auf Ihre Konkurrenten oder andere Videomacher in Ihrem Sektor. Achten Sie darauf, welche ihrer Videos die meiste Aufmerksamkeit und Beteiligung erhalten. Anhand dieser Informationen können Sie mehr darüber erfahren, woran Ihr Publikum interessiert ist. Wenn Sie bereits Videos veröffentlicht haben, können Sie auch einen Blick auf Ihre YouTube-Analytics werfen. YouTube bietet genaue demografische, geografische, interaktive und andere nützliche Statistiken für Ihr Publikum. Analysieren Sie, wie Ihre Videos im Vergleich zu anderem von Ihnen produzierten Material abschneiden, indem Sie die YouTube-Berichte von Sprout Social nutzen.

Werden Sie Mitglied der Community auf YouTube.

Einzelpersonen auf YouTube können interagieren, indem sie Profile erstellen, "Likes" vergeben und Kommentare zu den Videos der anderen hinterlassen.

Nach dem, was wir gehört haben, ist es eher "sozial."

Wie wir bereits erwähnt haben, bewertet YouTube jeden Indikator für Publikumsinteraktion positiv. Zumindest hilft Ihnen die Interaktion mit Ihren Abonnenten, eine stärkere Verbindung zu ihnen aufzubauen. Die Zeit, die für ein "Gefällt mir" eines Kommentars benötigt wird, ist noch kürzer als für ein "Anheften" eines Kommentars. Einige Kanäle antworten zum Beispiel häufig auf Kommentare zu ihren letzten Uploads. Der Autor des Kanals nimmt oft Kontakt mit den Fans auf, um sich zu bedanken und Fragen zu beantworten. Die Antworten und die Interaktion mit Ihren Anhängern sind auf YouTube die gleichen wie auf jedem anderen Social-Media-Kanal.

Machen Sie Ihre Miniaturansichten einzigartig.

Die Verwendung benutzerdefinierter Thumbnails zur Werbung für Ihren YouTube-Kanal ist eine der einfachsten und effizientesten Methoden. Betrachten Sie Ihren Titel und Ihr Thumbnail als einen verlockenden Doppelschlag. Die Miniaturansicht für jedes Video auf YouTube wird automatisch aus einem Screenshot des Videos selbst erstellt. Ein unscharfes Bild von Ihnen, wie Sie Ihre Kamera einstellen oder einen Übergang machen, ist das, was es oft einfängt.

Ist das nicht ein schlechter Look?

Die Erstellung von Miniaturansichten macht Ihre Videos nicht nur optisch attraktiver, sondern zeugt auch von Professionalität. Auch wenn sie in manchen Fällen kompliziert sein können, ist es durchaus akzeptabel, einfache Miniaturansichten zu erstellen. Es ist möglich, eine Vorlage mit einer bestimmten Schriftart und einem bestimmten Stil zu erstellen, um sie einheitlicher und markengerechter zu gestalten. Ein Bildgestaltungs-Tool wie Canva macht dies sogar noch einfacher.

Cross-Promotion für Ihre eigenen YouTube-Videos.

Es ist sehr wahrscheinlich, dass Sie auf YouTube über dieselben Dinge schreiben. Es ist eine gute Idee, Ihre früheren Videos gegenseitig zu bewerben, wenn dies sinnvoll ist. Du kannst zum Beispiel Links in die Videobeschreibung einfügen und die Zuschauer auffordern, sich diese anzuschauen, als Aufruf zum Handeln. Obwohl die plötzliche Entfernung des YouTube-Kommentar-Tools einige enttäuscht haben mag, ermutigt die Angabe eines

Links in Ihrer Beschreibung die Leute, Ihre Videos bis zum Ende anzusehen, ohne wegzuklicken.

Google-Suchergebnisse, auf die Sie abzielen möchten.

Wie bereits erwähnt, macht YouTube in Sachen SEO alles zunichte. Sie sollten zwar nicht ausschließlich Material für Suchmaschinen und nicht für Menschen erstellen, aber Sie sollten Ihren YouTube-Kanal mit Blick auf SEO bewerben. Die Ergebnisseiten von Suchmaschinen bevorzugen lange Videos (10+ Minuten) und Produktbewertungen sowie Anleitungen und Tutorials (SERPs). Wenn Sie nicht viele Videoideen haben, denken Sie darüber nach, das Marketing Ihres YouTube-Kanals zu nutzen, um aus einem Trendbegriff in Ihrer Branche Kapital zu schlagen.

Organisieren Sie einen Wettbewerb oder ein Werbegeschenk.

Ein Werbegeschenk ist etwas, das YouTube-Abonnenten lieben. Wenn Sie möchten, dass die Leute Ihrer YouTube-Community beitreten, veranstalten Sie einen Wettbewerb oder ein Geschenk. Um Ihre Wettbewerbe für Ihr Publikum einfacher zu machen, bitten Sie es, Ihr Video zu mögen; bitte hinterlassen Sie einen Kommentar und abonnieren Sie meinen Kanal. Wir haben eine Liste mit empfohlenen Vorgehensweisen für jeden Wettbewerb in den sozialen Medien zusammengestellt.

- Vergewissern Sie sich, dass Sie sich an die YouTube-Regeln halten.
- Verschenken Sie ein Geschenk, das für Ihre Marke relevant ist: Sie wollen Menschen anziehen, die nicht nur auf der Suche nach kostenlosen Dingen sind.
- Integrieren Sie nutzergenerierte Inhalte und andere nicht-traditionelle Zugangsvoraussetzungen, um innovativ zu werden.

Der Schlüssel ist, die Anzahl der Wettbewerbe, die Sie auf YouTube durchführen, zu begrenzen. Ihre Zeit, Ihr Geld und Ihre Ressourcen werden verschwendet, wenn Sie nicht wissen, ob das, was Sie tun, funktioniert. Nachdem Sie einen Wettbewerb abgeschlossen haben, werfen Sie einen Blick auf Ihre Abonnentenabbruchrate und Ihre Engagementstatistiken. Wenn Sie keine engagierten Abonnenten anlocken, können Sie genauso gut Leute anlocken, die nach kostenlosen Sachen suchen.

- **Ermutigen Sie andere, Ihre Sendung zu sehen.**

Die Erstellung einer Videoserie zu einem gemeinsamen Thema ist eine kluge Strategie, um Ihren YouTube-Kanal zu bewerben. Bon Appétit, ein beliebter Gastronomiekanal mit einer großen Fangemeinde auf YouTube, bietet verschiedene Serien an, darunter auch die wiederkehrenden "Aus der Testküche"-Folgen. Serien sind eine Win-Win-Situation für Künstler und Fans. Sie müssen sich als Creator nicht den Kopf über Ideen zerbrechen, da Sie sich selbst für die Erstellung von neuem YouTube-Material verantwortlich machen. So haben Ihre Abonnenten einen Grund, regelmäßig zu Ihrem Kanal zurückzukehren.

- **YouTube-Videos können eingebettet werden.**

Einige der besten Orte, um für Ihren YouTube-Kanal zu werben, liegen außerhalb von YouTube. Es ist erwiesen, dass Videoinhalte die Konversionsrate erhöhen und die Absprungrate senken. Fügen Sie ein Video zu einer Produktseite oder einem Blogbeitrag hinzu, um Besucher länger auf der Seite zu halten und ihr Interesse zu wecken (wie wir es unten getan haben). Betrachten Sie jede Gelegenheit, Ihre Besucher auf der Website (oder in den sozialen Medien!) auf Ihren YouTube-Kanal zu leiten, als Gewinn.

- **Um Ihre YouTube-Videos zu ordnen, erstellen Sie Wiedergabelisten.**

Wenn Sie zusätzliche Videos erstellen, wird es für die Nutzer schwieriger, das Gesuchte in Ihrem Kanal zu finden. Daher sind Wiedergabelisten ein Muss. Neben der

Klassifizierung und der Förderung des Binge-Watching auf Ihrem Kanal helfen Ihnen Wiedergabelisten auch dabei, den Überblick über Ihre Inhalte zu behalten. Der Grooming-Kanal der Marke Beard zum Beispiel hat Hunderte von Clips, die eine Vielzahl von Themen abdecken und regelmäßig aktualisiert werden. Die Nutzer können schnell auf relevante Inhalte in den Wiedergabelisten des Kanals zugreifen, ohne danach suchen zu müssen.

- **Aufforderungen zum Handeln können Ihnen helfen, mehr Menschen zum Handeln zu bewegen.**

Da Videomaterial eine unmittelbare und persönliche Verbindung zum Betrachter herstellen kann, ist es manchmal der beste Weg, die Aufmerksamkeit auf Ihre Filme zu lenken, wenn Sie um Beteiligung bitten. Da nicht jeder, der eines Ihrer Videos schätzt, daran denkt, es zu mögen oder zu abonnieren, wird es immer üblicher, diese Erinnerungen in die Videobeschreibung oder in das Video selbst aufzunehmen. Es ist keine Schande, ausdrücklich um Liebe zu bitten, vor allem, wenn Sie ein neuer Kanal sind. Eine hervorragende Methode, um die Diskussion aufrechtzuerhalten, besteht darin, die Besucher aufzufordern, eine Frage im Kommentarbereich zu beantworten oder sich ein anderes Video anzusehen. Links zu anderen Videos oder einer externen Website können als Aufforderung zum Handeln verwendet werden.

- **Probieren Sie Live-Streaming aus.**

Live-Videos, einer der beliebtesten Trends in den sozialen Medien, sind auf dem Vormarsch. Mit dem Aufstieg von Anwendungen wie Facebook, Periscope und Instagram springen immer mehr Unternehmen auf den Zug auf. YouTube sendet schon seit Jahren Live-Videos, aber erst in letzter Zeit hat es an Popularität gewonnen. Sehen Sie sich die beliebtesten YouTube-Live-Videos an und erfahren Sie, wie andere Unternehmen die Plattform zu ihrem Vorteil nutzen. Hier sind einige Beispiele für YouTube Live:

- Webinare
- Live-Tutorials
- Q&A-Sitzungen
- Produkt-Demonstrationen.

Machen Sie sich keine Sorgen, wenn Ihre Streams nicht so reibungslos verlaufen, wie Sie es sich wünschen. Man weiß nie, was passieren wird, und das ist ein Teil der Freude (und des Risikos) von Live-Videos. Die raue, natürliche Qualität von Live-Videos ist genau das, was sie so reizvoll macht. Weitere Informationen zu den ersten Schritten mit YouTube Live finden Sie in der Einführung von Google zum Live-Streaming.

Zusammenarbeit mit anderen Künstlern und Unternehmen.

Einige der erfolgreichsten YouTube-Stars haben ihr Publikum durch die Zusammenarbeit mit anderen Nutzern vergrößert. Man lernt jedes Mal neue Leute kennen, wenn man mit einem neuen Kollegen zusammenarbeitet. Mit der Hilfe eines bekannten und vertrauenswürdigen Inhaltsproduzenten sind neue Zuschauer eher geneigt, Ihren Kanal zu abonnieren. Wenn es um eine erfolgreiche YouTube-Partnerschaft geht, ist die Wahl des richtigen Partners entscheidend für den Erfolg. Damit Ihr Video authentisch wirkt, sollten Sie mit Inhaltsproduzenten zusammenarbeiten, die die gleichen Interessen haben wie Ihre Organisation. Ein hervorragendes Beispiel für eine kreative Zusammenarbeit, die nicht offenkundig kommerziell ist, ist die Beziehung zwischen BuzzFeed und Purina.

Führen Sie eine kostenpflichtige YouTube-Marketingkampagne durch.

Mit dem Aufkommen des Pay-to-Play-Marketings im Allgemeinen haben Sie die Möglichkeit, YouTube-Werbung zu kaufen, um Ihre Bekanntheit zu steigern. Auf YouTube gibt es verschiedene Werbetypen, darunter die folgenden:

- Anzeige von Werbung: Diese Anzeigen sind nur auf dem PC verfügbar und erscheinen in der rechten Seitenleiste von Videos.
- Overlay-Anzeigen sind halbtransparente Anzeigen, die am unteren Rand eines Videos erscheinen. Sie sind nur in der Desktop-Version verfügbar.

- Vor, während und nach einem Video sehen Sie Werbung in Form von überspringbaren und nicht überspringbaren Videos. Im Gegensatz zu nicht überspringbaren Anzeigen, die vollständig angesehen werden müssen, können überspringbare Anzeigen bereits nach fünf Sekunden übersprungen werden.
- Bevor ein Nutzer ein Video ansehen kann, muss er eine nicht überspringbare Werbung im Bumper sehen. Diese bleibt in der Regel etwa sechs Sekunden lang bestehen.
- Karten, die in für den Betrachter relevanten Videos erscheinen, werden als gesponserte Karten bezeichnet. Mit ihnen können Sie für Ihre Waren oder andere Informationen werben.
- Für jede Werbekampagne können Sie ein vorhandenes Video verwenden oder ein neues Video erstellen. Wenn Sie ein vorhandenes Video verwenden, können Sie einen Clip wählen, der sich in der Vergangenheit als erfolgreich erwiesen hat. Ein organisch beliebtes Video kann von bezahlter Werbung profitieren, sofern es eine große Anhängerschaft hat.
- Ein neues Video für Ihre Werbung ermöglicht es Ihnen, ein konzentrierteres und individuelleres Produkt zu erstellen. Bei der Erstellung von Werbung können Sie zum Beispiel am Ende einen benutzerdefinierten CTA einfügen, der die Nutzer zu einer bestimmten Website oder einem bestimmten Video führt. Hier erfahren Sie mehr über die Videoanzeigenarten von YouTube.

Teilen Sie Ihre YouTube-Videos regelmäßig in den sozialen Medien.

Es ist kein Geheimnis, dass Videoinhalte in den sozialen Medien sowohl in Bezug auf das Engagement als auch auf die Leistung dominieren. Wenn Sie möchten, dass die Menschen Ihrem YouTube-Kanal folgen, müssen Sie ihn regelmäßig in den sozialen Medien bewerben. Sobald ein Video online ist, sollten Sie Ihre Follower in den sozialen Medien über Facebook, Twitter, Instagram und LinkedIn darauf aufmerksam machen. Für jedes soziale Netzwerk kann ein Beispiel oder ein Clip Ihrer neuesten Arbeit erstellt werden. Sprout Social ermöglicht Ihnen die Planung und Cross-Promotion Ihrer Inhalte, ohne dass Sie zwischen verschiedenen Plattformen wechseln müssen. Mit Hilfe von Viral Post können Sie beispielsweise sicherstellen, dass Ihre Inhalte zu einem Zeitpunkt veröffentlicht werden, zu dem Ihre Follower in den sozialen Netzwerken am aktivsten sind. Wir sind am Ende unseres Tutorials über die Werbung für Ihren YouTube-Kanal angelangt!

- Wie können Sie Ihren YouTube-Kanal im Internet bewerben?
- Der Aufbau eines YouTube-Publikums ist kein zufälliges Unterfangen.
- Und ja, wenn Ihr Bereich mit Konkurrenten gefüllt ist, kann es sich wie eine Plackerei anfühlen.

Sie sollten immer viele verschiedene Werbemethoden für den Fall bereithalten, dass Sie sie jemals einsetzen müssen. Auch wenn einige der oben genannten Ideen mehr Zeit und Aufwand erfordern als andere, werden sie alle dazu beitragen, mehr Follower für Ihren YouTube-Kanal zu gewinnen. Laden Sie unseren Spickzettel für Social Media-Videos herunter, um Ideen für Videos in jeder Phase des Marketingtrichters zu erhalten, wenn Sie bereit sind, Ihre YouTube-Präsenz zu steigern und genaue Geschäftsergebnisse zu erzielen.

Warum YouTube verwenden?

Nach YouTube ist Google die beliebteste Suchmaschine. YouTube veröffentlicht jede Minute mehr als 100 Stunden an neuem Material. Mit dieser Strategie lässt sich schnell und einfach ein großes Publikum erreichen, sei es für Werbung oder Unterricht. Nachfolgend sind einige der Gründe aufgeführt, warum YouTube so beliebt ist:

Steigern Sie Ihr SEO.

Das beliebteste Inhaltsformat ist das Video, das häufig in sozialen Medien geteilt wird. Da Google und andere Suchmaschinen Videos bevorzugen, ist die Veröffentlichung eines Videos auf YouTube mit soliden Titeln, Beschreibungen und Tags eine hervorragende Methode, um Ihre Suchmaschinenbewertung zu verbessern.

Branding, das funktioniert.

Videos sind ein schneller und effektiver Weg, um Ihre Botschaft zu verbreiten. Menschen reagieren gut auf visuelle Signale, und Videos sind eine hervorragende Möglichkeit, die Stimmung und die physischen Eigenschaften des Produkts, das Sie verkaufen, einzufangen.

Zeigen, nicht erzählen.

Videos eignen sich hervorragend zur Veranschaulichung von Dingen, die mit Worten nur schwer zu vermitteln sind. Zeigen Sie Ihren Schülerinnen und Schülern mit Hilfe von Bildschirmaufzeichnungen, Live-Demonstrationen oder sogar einer Zeichnung am Whiteboard.

Erhöhen Sie die Anzahl der Personen, die Ihre Botschaft hören.

YouTube ist nicht nur die beliebteste Video-Sharing-Website der Welt, sondern hat auch die höchste Anzahl an Aufrufen pro Nutzer. Schauen Sie sich Ihre anderen Facebook- und Twitter-Feeds an und sehen Sie, wie viele Videos Sie dort sehen. Wie häufig erhalten Sie Videos per E-Mail von Freunden und Verwandten? Ein Video lässt sich leicht im Internet verbreiten.

Sie benötigen kein großes Budget.

Es hat zwar seine Vorteile, bestimmte Arten von Videos von Experten erstellen zu lassen, aber nicht jedes Video erfordert ein sechsstelliges Budget. Sie können schnell und effektiv überzeugende Videos von Vorträgen, Präsentationen und mehr mit einem Minimum an Videoausrüstung erstellen.

Mobilfreundliches Video.

Da so viele Studierende Smartphones besitzen, sind Videos eine hervorragende Möglichkeit, sie zu erreichen. YouTube ist gut für mobile Geräte geeignet, und die große Mehrheit der Schüler nutzt es bereits.

Schlussfolgerung:

YouTube ist eine Google-Videoplattform, die 2005 von Steve Chen, Chad Hurley und Jawed Karim gegründet und 2006 für 1,6 Milliarden Dollar von Google gekauft wurde. Jawed Karims "Me at the Zoo", das über 82 Millionen Aufrufe hat, war das erste Video, das geteilt wurde. Seitdem hat sich die Website erheblich weiterentwickelt, und ihre aktuellen Statistiken sind erstaunlich.

YouTube im Jahr 2021: Nach Facebook ist YouTube das zweitbeliebteste soziale Netzwerk der Welt. 79 Prozent der Internetnutzer geben an, ein YouTube-Konto zu haben. Jeden Monat nutzen etwa 2 Milliarden Menschen YouTube, mit mehreren Milliarden Aufrufen (mehr als 82.000 Videos werden in einer Sekunde angesehen), von denen 70 % auf mobilen Geräten erfolgen. Jeden Tag werden 720.000 Stunden Video hinzugefügt, das sind 30.000 Stunden pro Stunde. Die Plattform ist in über 90 Ländern und 80 Sprachen verfügbar und damit für 95 % der weltweiten Internetbevölkerung zugänglich. Aufgrund des großen Publikums von YouTube nutzen 62 Prozent der Unternehmen die Plattform, um Videos einzureichen und mehr Aufmerksamkeit zu erlangen. 90 % der Nutzer haben dank der Plattform eine neue Marke entdeckt, und die Zahl der Werbeeinblendungen ist auf 95 % gestiegen.

Viele Menschen fangen an, sich auf dieser Plattform mit der Erstellung von Originalmaterial zu beschäftigen. Seit dem letzten Jahr ist die Zahl der Kanäle, die ein sechsstelliges Einkommen erzielen, um 40 % gestiegen, und die Zahl der Kanäle mit mehr als einer Million

Mitgliedern hat sich um 75 % erhöht. Selbst wenn Sie nicht wissen, wie man einen Computer bedient, ist YouTube einfach zu bedienen. Haben Sie noch Fragen dazu, wie Sie diese Social-Networking-Plattform nutzen können? Keine Sorge, es gibt zahlreiche Online-Tutorials, die Ihnen zeigen, wie Sie ein Video einreichen und vieles mehr. Mit YouTube können Sie schnell eine große Menge an Informationen an eine große Anzahl von Menschen weitergeben. Sie können Informationen auch auf unterhaltsame Weise vermitteln. Dies kann in folgender Form geschehen:

- Videos
- Musik
- Comedy-Sketch
- Video-Animation.

Sie können jetzt YouTube-Stories, Umfragen und Post-Updates einreichen, genau wie in anderen sozialen Netzwerken wie Instagram, was Ihnen helfen wird, Ihr Publikum zu begeistern. Sie können zum Beispiel eine Umfrage durchführen, um herauszufinden, welches Thema Ihre Zuschauer als Nächstes sehen möchten. So binden Sie nicht nur Ihr Publikum ein, sondern erfahren auch, was es auf Ihrem Kanal sehen möchte. Backlinks von YouTube können Ihnen bei der Verbesserung Ihrer Suchmaschinenoptimierung helfen. Diese Backlinks können Sie erzeugen, indem Sie einen Link zu Ihrer Website auf Ihrer Profilseite und in den Beschreibungen jedes Videos, das Sie auf Ihren Kanal hochladen, einfügen. Indem Sie den Link zu Ihrer Website an verschiedenen Stellen Ihres Kanals anzeigen, erhöhen Sie die Bekanntheit Ihrer Website und damit auch die Besucherzahlen. Heutzutage ist YouTube eine sehr bekannte Social-

Networking-Site. Es eignet sich hervorragend für den persönlichen Gebrauch, kann aber auch eine Marke für Unternehmen entwickeln. Ihre Filme werden nicht nur auf YouTube, sondern auch in anderen Suchmaschinen wie Google angezeigt. Erwägen Sie, YouTube für private oder berufliche Zwecke zu nutzen? Lesen Sie weiter, denn in diesem Kapitel werden wir beide Gesichtspunkte erläutern. Mit YouTube können Sie kostenlos Videos hochladen und ansehen. Das gibt Ihnen die Freiheit, Dinge auszuprobieren und zu sehen, ob sie für Sie funktionieren, ohne sich Gedanken über die Kosten zu machen. YouTube Premium hingegen wurde erst kürzlich eingeführt. YouTube Premium ist ein Premium-Abonnement, mit dem Sie Videos ohne Werbung ansehen, Videos im Hintergrund abspielen und Videos auch dann ansehen können, wenn Sie nicht mit dem Internet verbunden sind. Außerdem können Sie damit YouTube-Originalprogramme und -filme ansehen und auf YouTube Music Premium (eine Streaming-Plattform) zugreifen.

Was das Einstellen von Videos in Ihr YouTube-Konto angeht, spielt es keine Rolle, ob Sie ein Premium- oder ein kostenloses Konto haben. YouTube ist ein Ort, an dem Sie Geld dafür verdienen können, dass Sie sich die Videos anderer Leute ansehen. Um mit Ihren Videos Geld zu verdienen, benötigen Sie ein Google AdSense-Konto. Sie haben ein Google AdSense-Konto, wissen aber nicht, was Sie damit machen sollen? Sie können ein neues Google AdSense-Konto registrieren, wenn Sie einen YouTube-Kanal haben. Neben Google AdSense gibt es verschiedene Methoden, um auf YouTube Geld zu verdienen. Die folgenden Strategien können verwendet werden, um dieses Ziel zu erreichen:

- Partner-Links
- Patenschaften
- Merch und Produkte
- Digitale Produkte verkaufen
- Dienstleistungen anbieten
- und vieles mehr.

Dieses Buch ist Teil einer fortlaufenden Sammlung mit dem Titel "Social Media Influence."

1. Steigern Sie Ihren Social Media Einfluss auf Facebook.
2. Steigern Sie Ihren Einfluss in den sozialen Medien auf YouTube.
3. Steigern Sie Ihren Einfluss in den sozialen Medien auf WhatsApp.
4. Erhöhen Sie Ihren Einfluss in den sozialen Medien auf Instagram.
5. Steigern Sie Ihren Einfluss in den sozialen Medien auf TikTok.
6. Erhöhen Sie Ihren Social-Media-Einfluss auf Snapchat.
7. Erhöhen Sie Ihren Social-Media-Einfluss auf Reddit.
8. Erhöhen Sie Ihren Social Media-Einfluss auf Pinterest.
9. Steigern Sie Ihren Social Media Einfluss auf Twitter.
10. Erhöhen Sie Ihren Social Media Einfluss auf LinkedIn.

Bitte schauen Sie bei Amazon nach weiteren Büchern aus dieser Sammlung.

Autor Bio

Aaron Cockman. Aaron liest gerne und lernt gerne mehr darüber, wie man in den sozialen Medien profitabel sein kann. Deshalb beschloss sie, über etwas zu schreiben, das ihr sehr am Herzen liegt. Weitere Bücher werden in dieser Sammlung folgen, also folgen Sie ihr auf Amazon für weitere Bücher.

Danke, dass Sie dieses Buch gekauft haben.

Ich weiß es wirklich zu schätzen und schätze Sie, meinen hervorragenden Kunden.

Gott segne Sie.

Sherry Lee.

www.ingramcontent.com/pod-product-compliance
Lightning Source LLC
Chambersburg PA
CBHW070251220526
45465CB00004B/1581